発達障害児の偏食改善マニュアル

食べられるってうれしいね

食べられないが食べられるに変わる実践

監修 山根希代子　編著 藤井葉子

中央法規

はじめに

　療育センターの小児科の診察室には、偏食の相談がよく寄せられます。「食べること」は身体を作る基本であり、子どもたちにとっては本来「楽しく」「おいしいもの」でもあるはずです。しかし、発達障害のある子どもの中には、偏食のために「食べること」が楽しめず、むしろ、親子の葛藤の場面になることさえあります。「偏食が改善できれば、栄養バランスも良くなり、食事時間を親子で楽しく過ごせ、お母さん方の育児の肯定感につながるのに…」と常々思っていました。

　2004年にスタートした児童発達支援センターなぎさ園にも、偏食のある子どもたちがたくさんいました。一生懸命作った給食を、なかなか口にしてくれない子どもたち…。しかし、藤井葉子氏は決してあきらめずに子どもたちとかかわりました。「揚げ物の端っこを食べている。ハンバーグをカリカリに焼いて子どもの好みにしてみては？」「繊切りだと食べる？」といった気づきをもとに、調理員・保育士・言語聴覚士等のスタッフとともに、さまざまなチャレンジを行いました。そして、一人ひとりの子どもにあった口腔感覚対応食を作り、効果を上げてきました。また、実践を積み重ねる中で、子どもたちの発達や摂食傾向、偏食の改善の過程に一定の傾向があることがわかり、支援の方向性も明確になってきました。

　本書は、このなぎさ園での実践や栄養相談、そして、全国から送られてくるメール相談等をもとに支援の仕方をまとめたものです。さまざまな場面で発達障害の食生活の支援をされている方々、保護者の方々にとって、何らかの支援のきっかけとなるのではないかと期待しています。そして、子どもたちの「食べること」の楽しみが広がり、ご家族も含めた生活が豊かになることを心から願っています。

　なお、事例については個人情報保護のため修飾していること、口腔内機能等については実践に即した表現になっていることを、この場をお借りし、おことわり申し上げます。

山根希代子

目次

はじめに ……………………………………………………………………… i

偏食事例と対応早見表 …………………………………………………… vi

第1章　偏食に関する基礎知識

偏食とは ……………………………………………………………… 2

1　偏食の特徴 ……………………………………………………… 2

2　偏食の原因 ……………………………………………………… 4

3　偏食対応の課題 ………………………………………………… 6

偏食への対応 ………………………………………………………… 8

1　偏食対応の4つの柱 …………………………………………… 8

2　偏食対応の実例 ………………………………………………… 10

3　心構え4ヵ条 …………………………………………………… 12

コラム　偏食対応最前線 …………………………………………… 14

第2章　偏食改善マニュアル①　子どもの状態を確認する

子どもの状態を確認する ………………………………………… 16

1　情報収集の基本 ………………………………………………… 16

2　子どもの状態を把握する ……………………………………… 17

3　身体・栄養状態を確認する …………………………………… 20

子どもの発達状態を確認する …………………………………… 26

口腔機能を確認する ……………………………………………… 28

咀嚼→送り込み→嚥下の流れ ………………………………… 28

"あたり"のつけかた ……………………………………………… 29

1　咀嚼 ……………………………………………………………… 30

咀嚼が原因の場合の対応方法 ································ 34

咀嚼の練習に役立つ食形態 ································ 36

コラム **体験してみよう① 咀嚼編** ································ 37

2 送り込み ································ 38

送り込みが原因の場合の対応方法 ································ 42

送り込みの練習に役立つ食形態 ································ 44

コラム **体験してみよう② 送り込み編** ································ 45

3 嚥下 ································ 46

嚥下が原因の場合の対応方法 ································ 50

コラム **体験してみよう③ 嚥下編** ································ 51

感覚を確認する ································ 52

1 触覚 ································ 54

2 固有感覚 ································ 58

3 聴覚 ································ 60

4 嗅覚 ································ 62

5 味覚 ································ 64

6 視覚 ································ 68

第3章 偏食改善マニュアル② 特別な食事を用意する

口腔機能への対応― 嚥下調整食 ································ 74

1 嚥下調整食とは ································ 74

2 基本の作り方 ································ 76

ペースト食 ································ 78

つぶし食 ································ 80

軟固形食 ……………………………………………… 82

スティック食 ……………………………………… 84

調理例① ……………………………………………… 86

調理例② ……………………………………………… 90

感覚への対応―口腔感覚対応食 …………………… 94

1 口腔感覚対応食とは ……………………………… 94

2 グループ分けと対応 ……………………………… 94

グループ1：感覚で選ぶ ………………………… 95

グループ2：形態で判断する …………………… 96

グループ3：慣れたものを食べる ……………… 97

3 基本的な口腔感覚対応食（カリカリ食）の作り方 …… 98

第4章　偏食改善マニュアル③　支援のテクニック

支援のテクニック …………………………………… 106

1 食材に手を出しやすくする ……………………… 106

2 間食への対応 ……………………………………… 109

3 立ち歩きへの対応 ………………………………… 110

4 早食い・かきこみへの対応 ……………………… 111

5 飲み物への対応 …………………………………… 112

6 果物への対応 ……………………………………… 113

7 道具の活用 ………………………………………… 113

8 食具の工夫 ………………………………………… 115

9 市販品や残り物の活用 …………………………… 116

10 生活の工夫 ………………………………………… 117

特定場面ごとの対応 …………………………………… 118
　1　アレルギーがある場合 ………………………… 118
　2　保育園・小学校を意識したレシピを考える場合 ……… 120
　3　給食がお弁当の場合 …………………………… 121
　4　給食での個別対応が難しい場合 ……………… 122
　5　給食が外注の場合 ……………………………… 122
　6　行事への対応 …………………………………… 123
　7　料理が苦手な場合 ……………………………… 124
　8　不調時の工夫 …………………………………… 125

コラム　職員配置について …………………………… 126

資料編　食事調査票 …………………………………… 128
　　　　食事記録票 …………………………………… 129
　　　　たべられるものリスト ……………………… 130
　　　　偏食傾向チェックリスト …………………… 131
　　　　食育マット …………………………………… 132
　　　　「からっぽ」がんばりひょう ……………… 133
　　　　「からっぽ」シールちょう ………………… 134
　　　　成長曲線 男児 ……………………………… 135
　　　　成長曲線 女児 ……………………………… 136
　　　　カウプ指数 …………………………………… 137

おわりに
著者紹介

偏食事例と対応早見表

食事の様子に不安があります

事　例	ひとこと	参照ページ
野菜ジュースを食事替わりにとっています	● お腹がすいていないのかもしれません ● 食べ方にこだわりがあるのかもしれません ● 口腔機能に問題があるのかもしれません	P16…子どもの状態 P28…口腔機能
むら食いがひどく、2食ぐらい食べない時があります	● 食べる量に波があるのかもしれません ● メニューによるのかもしれません	P20…身体・栄養状態
食べる食材の種類が減ってしまいました	● 食べる量のバランスが悪くなったのかもしれません	P20…身体・栄養状態
なんでも丸飲みしています	● 口腔機能に問題があるのかもしれません	P30…咀嚼
汁で流して飲み込んでいるようです	● 口腔機能に問題があるのかもしれません	P30…咀嚼
哺乳瓶がやめられません	● 口腔機能に問題があるのかもしれません ● 食べ方にこだわりがあるのかもしれません	P46…嚥下
弁当に同じものばかりいれてしまいます	● こだわりになっているのかもしれません	P121…給食がお弁当
料理が苦手です	● 作れなくても方法はあります	P124…料理が苦手
茶色のものは食べられます	● 色のある野菜などが苦手なのかもしれません	P68…視覚
繊切りのものばかり好んで食べます	● 口腔機能に問題があるのかもしれません ● 感覚的な問題があるのかもしれません	P96…形態で判断する
好きなものが一つあると食べられるようです	● 食べられるものがあると安心して食べ始められるのかもしれません	P97…慣れたものを食べる
噛む回数が少ないです	● 口腔機能に問題があるのかもしれません	P111…早食い・かきこみ

食事の状態に困りごとがあります

事　例	ひとこと	参照ページ
少量ずつゆっくり食べるので、時間が長くかかりすぎてしまいます	● お腹がすいていないのかもしれません ● 口腔機能に問題があるのかもしれません ● 食べ方にこだわりがあるのかもしれません	P4…原因 P30…咀嚼 P96…形態で判断する
しっかり食べるときと食べないときがあります	● 食べる量に波があるのかもしれません ● メニューによるのかもしれません ● 食べ方にこだわりがあるのかもしれません	P16…子どもの状態
給食を食べてくれません	● お腹がすいていないのかもしれません ● 口腔機能に問題があるのかもしれません ● 食べ方にこだわりがあるのかもしれません	P16…子どもの状態 P94…グループ分け
唇にあたると食べるのをやめてしまいます	● 感覚的な問題かもしれません	P54…触覚
温かくしないと食べられません	● 感覚的な問題かもしれません	P54…触覚
冷たくしないと飲めません	● 感覚的な問題かもしれません	P54…触覚
食べさせてもらわないと食べられません	● 食べ方にこだわりがあるのかもしれません	P54…触覚
手で触らないと食べられません	● 感覚的な問題かもしれません ● 食べ方にこだわりがあるのかもしれません	P54…触覚

	事例	ひとこと	参照ページ
食事の状態に困りごとがあります	周囲の音が気になって食べられません	●感覚的な問題かもしれません	P60…聴覚
	人が多い場所だと食べられません	●感覚的な問題かもしれません	P60…聴覚
	場所が変わると食べられません	●感覚的な問題かもしれません ●こだわりの問題かもしれません	P68…視覚
	家以外の場所だと食べられません	●感覚的な問題かもしれません ●こだわりの問題かもしれません	P68…視覚 P97…慣れたものを食べる
	食器が変わると食べられません	●違う料理に見えるのかもしれません ●こだわりかもしれません	P68…視覚
	食事の量をコントロールできません	●今までの習慣が変えられないのかもしれません	P109…間食への対応
	家族が食べているものを欲しがります	●自分のものと他人のものがわかりにくいのかもしれません	P117…生活の工夫
	ドアが気になって食事ができない	●視覚的な刺激が気になるのかもしれません	P68…視覚
	家で作った食事を食べず、市販品だけ食べます	●家でつくったものは変化があるので不安があるのかもしれません	P68…視覚
	素材がわからないと食べられない	●見た目がわかりにくくなりやすいのかもしれません	P97…慣れたものを食べる
	食べられるものでも見えるようにしないと食べにくい	●視野が狭いなど見えにくいのかもしれません	P106…食材に手を出しやすくする
	混ざった料理が苦手なようです	●何の食材かわかりにくくなるのかもしれません	P106…食材に手を出しやすくする

	事　例	ひとこと	参照ページ
食事の内容に問題があります	炭水化物しか食べられません	●食べる量に問題があるのかもしれません ●口腔機能に問題があるのかもしれません ●食べ方にこだわりがあるのかもしれません	P16…子どもの状態
	ご飯しか食べない	●食べる量に問題があるのかもしれません ●口腔機能に問題があるのかもしれません ●食べ方にこだわりがあるのかもしれません	P16…子どもの状態
	ヨーグルトしか食べられません	●食べる量に問題があるのかもしれません ●口腔機能に問題があるのかもしれません ●食べ方にこだわりがあるのかもしれません	P16…子どもの状態
	生野菜が食べられません	●食べる量に問題があるのかもしれません ●口腔機能に問題があるのかもしれません ●食べ方にこだわりがあるのかもしれません	P16…子どもの状態 P30…咀嚼
	ご飯に混ぜないとおかずを食べてくれません	●口腔機能に問題があるのかもしれません ●食べ方にこだわりがあるのかもしれません	P30…咀嚼 P68…視覚
	煮物しか食べません	●口腔機能に問題があるのかもしれません ●食べ方にこだわりがあるのかもしれません	P30…咀嚼 P64…味覚 P68…視覚

食事の内容に問題があります	粘りがあるものが食べられません	●口腔機能に問題があるのかもしれません	P38…送り込み
	固形物を食べられません	●口腔機能に問題があるのかもしれません	P28…口腔機能
	母乳がやめられません	●口腔機能に問題があるのかもしれません ●食べ方にこだわりがあるのかもしれません	P46…嚥下
	ねっとりしたものが食べられません	●感覚的な問題かもしれません	P54…触覚
	フライしか食べられません	●感覚的な問題かもしれません	P52…感覚
	ジュースしか飲めません	●感覚的な問題かもしれません	P64…味覚
	味の濃いものしか食べられません	●感覚的な問題かもしれません	P64…味覚
	ごはんを食べられません	●感覚的な問題かもしれません ●こだわりかもしれません	P64…味覚
	牛乳が飲めません	●感覚的な問題かもしれません ●こだわりかもしれません	P64…味覚
	菓子パンしか食べられません	●感覚的な問題かもしれません ●こだわりかもしれません	P64…味覚
	ラーメンしか食べません	●感覚的な問題かもしれません ●こだわりかもしれません	P64…味覚 P96…形態で判断する
	三角むすびでないと食べません	●こだわりかもしれません	P68…視覚
	サケフレークしか食べません	●感覚的な問題かもしれません ●こだわりかもしれません	P68…視覚
	そぼろ状のものしか食べません	●感覚的な問題かもしれません ●こだわりかもしれません	P68…視覚
	色のあるものを食べません	●野菜に嫌な印象があるのかもしれません	P68…視覚
	お肉が食べられません	●咀嚼が弱かったり、すりつぶしができていないのかも	P36…ガーゼ食 P82…軟固形食 P98…カリカリ食
	菓子とフライドポテトしか食べられません	●感覚的な問題かもしれません ●こだわりかもしれません	P95…感覚で選ぶ
	果物が食べられません	●口腔機能に問題があるのかもしれません ●感覚的な問題かもしれません	P113…果物への対応
	味が強いと食べられません	●感覚的な問題かもしれません	P64…味覚
	野菜が食べられません	●口腔機能に問題があるのかもしれません ●感覚的な問題かもしれません ●こだわりかもしれません	P64…味覚 P68…視覚 P98…カリカリ食
	調味料の色がつくと食べられません	●感覚的な問題かもしれません	P68…視覚
	納豆ご飯しか食べません	●口腔機能に問題があるのかもしれません ●感覚的な問題かもしれません ●こだわりかもしれません	P106…食材に手を 　　　出しやすくする

事　例	ひとこと	参照ページ
体重が多いです	● 食べる量が多いのかもしれません ● 必要栄養量が低いのかもしれません	P20…身体・栄養状態
食事をすると、吐いてしまいます	● 口腔機能に問題があるのかもしれません ● 無理に飲み込んで吐いているかもしれません ● 逆流や疾患のこともあるので医師に相談を	P30…咀嚼 P38…送り込み
食材によって噛めたり噛めなかったりするものがあります	● 口腔機能に問題があるのかもしれません ● 感覚的な問題で噛みにくいのかもしれません	p30…咀嚼
小さいものや薄いものが噛みにくいようです	● 小さいものは反応できず飲んでしまうのかもしれません	P30…咀嚼
口の中のものを噛めません	● 口腔機能に問題があるのかもしれません	P30…咀嚼
水分をうまくとれません	● 口腔機能に問題があるのかもしれません ● こだわりの問題かもしれません	P46…嚥下 P112…飲み物への対応
やわらかい触感が苦手なようです	● 感覚的な問題かもしれません	P58…固有感覚
魚のにおいがすると吐き気を感じるようです	● 感覚的な問題かもしれません	P62…嗅覚
甘いものしか食べません	● 感覚的な問題かもしれません	P64…味覚
すっぱいものが苦手なようです	● 感覚的な問題かもしれません	P64…味覚 P113…果物への対応
食事を怖がります	● 感覚的な問題かもしれません	P68…視覚 P16…子どもの状態
長くすわれません	● 集中して食べる習慣がないのかもしれません	P110…立ち歩きへの対応
冷蔵庫をあさっています	● 食べる時間がわからないのかもしれません ● 勝手に食べていいと思っているのかもしれません	P109…間食への対応 P117…生活の工夫
お菓子を欲しがって暴れています	● 間食の終わりがわかりにくいのかもしれません	P109…間食への対応
好きなものばかりおかわりしたがります	● 感覚的な問題かもしれません ● こだわりかもしれません	P97…慣れたものを食べる
思い通りにならないと怒ってしまいます	● 要求を伝える方法がわかりにくく暴れてしまっているのかもしれません	P113…道具の活用
舌で音をたてて食べています	● 十分に噛めていないのかもしれません	P30…咀嚼
ご飯を噛まずに舌でつぶしてたべています	● 軟らかい、つぶれるものはつぶして食べてしまうのかもしれません	P30…咀嚼
お茶かけごはんだけを食べています	● 口腔機能に問題があるのかもしれません	P30…咀嚼
調味料をつけないと食べられません	● 感覚的な問題かもしれません	P64…味覚
やわらかいものは舌でつぶして食べています	● 口腔機能に問題があるのかもしれません	P30…咀嚼

子どもの状態に不安があります

本書の制作にあたって

　摂食嚥下障害をあわせもつ子どももいるため、器質的な疾患をもつ子どもも含め記述しています。

　生活場面の経験をベースに実践的な内容を記述しておりますので医学的な見知とは異なる部分があることをご了承ください。

第1章

偏食に関する
基礎知識

偏食は困った問題ですが、無理やり対応しようとしても子どもの負担になるばかりです。とはいえ、自然に解決されることは難しいので、子どものことを把握し、将来のことも考えながら、改善に向けて少しずつステップアップしていきましょう。

偏食とは

　"偏食"という言葉を辞書で引くと「えりごのみして食べること。食物に好き嫌いのあること」という解説が出てきます。食べ物の好き嫌いは誰にでも多少はあるものかと思いますが、本書で取り上げる"偏食"はこういったふつうの好き嫌いとは一線を画すものです。

1 偏食の特徴

嫌いなものを食べない、ではなく、それしか食べられない

　食べ物の好き嫌いというと、好みに合わないものを避け、自分の好きなものばかり口にすることをイメージするかもしれませんが、発達障害児の偏食はそのような選り好みとは次元が異なり、特定の食品（料理）しか食べることができなくなります。行き着くところまで行くとご飯しか食べられない、ミルクしか口にできない、といった極限状態に至る場合もあります。

自然に改善されることが難しい

　一般的な好き嫌いは経年により解消されることが多いです。皆さんも子どものころは食べられなかったものが大人になってからは食べられるようになった、という経験をしたことがあるのではないでしょうか。しかし、これは趣味嗜好による好き嫌いの場合の話であり、偏食はその原因を解消しなければ、改善されることがあまりありません。逆に、食事の際に嫌な思いを経験することでますます拒絶反応が強くなる可能性すらあります。

健康へ悪影響を及ぼす可能性がある

　食べられるものが限定されることは食品から摂取できる栄養素の種類が限定されることを意味します。野菜を摂取することができなくなるとビタミンや食物繊維を必要量摂取することが困難になり、なんらかの疾病状態に陥るリスクが高くなります。またお菓子など高カロリーなものだけしか食べられない場合は、肥満等のリスクが生じます。

第1章 偏食に関する基礎知識

偏食事例：放っておいたら壊血病に…

娘は、離乳食初期・中期は進みが悪く、ほとんど何も食べませんでした。しかし、10ヶ月頃からは、白米をメインとした丼物などを好み、よく食べるようになりました。

1歳を過ぎてからは、魚が大好きになり、野菜やお肉も好き嫌いなく食べていました。ただ、フルーツやヨーグルトなどは口に入れてもベェっと出してしまい、酸味が苦手なのかな？という印象はありました。

2歳9ヶ月頃から、主に野菜などから段々と食べないものが出てきはじめ、2歳を過ぎたあたりから、状態が悪化し、ご飯と魚しか食べなくなってしまいました。さらに2歳4ヶ月あたりからはおかずの魚も食べなくなってしまいました。

市の発達相談や保育所にも相談したところ、大抵は、そのうち食べるようになるでしょうとの回答だったのですが、改善はしませんでした。

その後、2歳8ヶ月の時に突然歩けなくなり、入院し検査をしたところ、ビタミンCが極度に不足しており、壊血病に陥っていたことがわかりました。現在はビタミンCの薬を飲んで治療しています。初めての物は絶対に口に入れない、かつ元々酸味が苦手ということもあり、大人2人がかりで押さえつけて、どうにか薬を飲ませている状況です。

まとめ 1

- 偏食とは①食べられるものがごく少ない状態で、②心身ともに悪影響があり、③自然に改善されにくいものです。
- 「食べたくない」ではなく「食べられない」という意味で、わがままとは異なります。
- 心身ともに負担がかかり、多様なリスクをはらんでいます。

➡ **適切な対応を実施し、改善に導くことが求められます。**

2 偏食の原因

ではなぜ「特定のものしか食べられない」状態になってしまうのでしょうか。そこには次の4点が原因として考えられます。

①口腔機能：上手に食べることが難しい

食べ物を噛んだり飲み込んだりする口腔機能に課題があると、それが偏食の原因になることがあります。噛む力が弱ければ硬いものや繊維質のものを食べることが難しくなりますし、飲み込むことに課題がある場合、拒食や誤嚥の恐れがあります。そうなると子どもが食べたいと思っていても、食べられないこともあります

また上手に食べられない経験を重ねてしまうことで食事が「嫌な体験」となり、ますます偏食が強くなることも考えられます。

②感覚：感覚の過敏、鈍麻

発達障害のある子どもにはそれぞれ特有の感覚があることがわかっています。

また特定の感覚に対する強いこだわりがあり、濡れたものを口にすることを嫌がったり、カリカリした食感のものしか口にしないなど、人によってさまざまな特徴を示すことがあります。極端な例では、フライの衣が「口に刺さる」と感じることもあります

③特性：発達のバラつき

発達障害のある子どもは言葉の指示が通らなかったり、言葉は話せるが集中して座っていられないなど発達にばらつきがあることが多く、食事が進まないことがあります。また認知機能の発達がゆっくりだと同じ食材であっても形が変わると別物と認識してしまって手が出ないなど、子どもの育ちが偏食の原因になることがあります。

④栄養状態：お腹がいっぱい

発達障害のある子どもはそれ以外の子どもに比べると必要エネルギー量が少ない傾向があります。そのため、ちょっとしたおやつやジュースなどの摂取によりおなかがいっぱいになってしまい、食事の時間に何も食べられなくなっているということがあります。

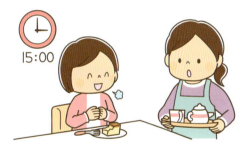

まとめ2

- 偏食の原因は大きく分けると栄養、口腔、感覚、発達の4つに区別できます。
- これらの原因が重なり合ったパターンも多いです。
- 原因ごとに対応方法が異なるので、何が原因なのか丁寧に見ていく必要があります。

➡ 一人ひとり偏食の原因を見極め、その原因を解消する対応を実施しましょう。

3 偏食対応の課題

　この偏食にどう対応していくかということは近々の課題であり、現場でも懸命な対応が行われていますが、うまくいっていないこともあるようです。

現場の困りごと

給食時間に立ち歩いたり、隠れたりするのを止めないといけない

- 給食中、うろうろする子がいると他の子も落ちついて食べられない
- 無理やり座らせているのが支援する側もつらい
- 嫌がって外にでたがったり、泣き叫ぶと止められない
- 部屋に入りたがらなかったり、怖がったりするとかわいそう

保育時間中、帰るまで、飲まず食わずで心配

- 帰るまで飲まず食わずで、トイレも我慢していて心配
- 半年ぐらいほとんど食べないこともある
- 水分をとらないと脱水などが心配

食事時間に固まってしまい、親子の精神的な負担が心配

- ほかの子どもが食べる中、自分の子どもだけが食べられない状態が続くと保護者も登園がつらくなってくる
- 適切な支援ができていないと感じ、親の苦痛もわかるので、食事が嫌な時間になる
- あまりにも食べないと親が子どもをたたいてしまうこともある
- 食べられない状態を解決できないと保護者と担任の関係や施設との関係さえも悪くしてしまうこともある

好きなものばかりを食べさせると健康面が心配

- ごはんだけを食べているが、このままでいいのか心配
- 毎日同じお弁当の繰り返しになってしまっている
- 給食を全く食べないので、食べられるお菓子のようなものをもってきてもいいのか
- ふりかけを大量にかけて食べてて不安
- ジュースしか飲めず、カロリーが心配

苦手なものを頑張らせることへの子どもの精神的な負担が心配

- 嫌がっても無理やり食べさせるほうがいいのか
- 食べるまで食卓に残して食べさせていいのか
- かけひきも泣きながら行うが、食べるのが嫌にならないか心配

家庭の困りごと

何をしていいかわからない

- どうして食べてくれないのか、どうすれば食べられるようになるのかわからず、何をすればいいのか判断がつかない
- 時間が経てばよくなるといわれしばらく様子を見てきたが、一向に良くなる様子がなく、むしろ状態が悪化してしまった
- さまざまな工夫を実施してみても効果が見られず、無力感がある

食事の準備を整えることが難しく、準備をしてもなかなか

- ただでさえ忙しいところに子どもが食べてくれるよう工夫をするのが時間的に難しい
- せっかく準備をしても食べてくれないことが多く、悲しくなる

周囲との協力がうまくできない

- 偏食は育て方が原因といわれ、つらい
- 食べられないことを保育所や学校に理解してもらえず個別の対応をしてくれない
- 将来のことを考え対応しようとしても、好きなものだけでも食べさせるべきと考える家族とおりあいがつかない

生活との兼ね合いが難しい

- 普段の食事は家族と別のメニューを作り続けないといけないので大変
- 家以外の場所での食事が困難なため、旅行や外出がしづらくなってしまう

まとめ3

- 状態が多種多様で原因がわからず、対応が追いついていない状況です。
- そのため、食べさせることで手いっぱいになり、改善に向けた対応ができていません。
- 子どもの健康にかかわる問題のため、無理に食べさせることもあり、支援する側にも大きな負担になっています。

➡ 「食べさせる」という目の前の課題と、「偏食の改善」という先の課題の2つに取り組むことが求められています。

偏食への対応

1 偏食対応の4つの柱

偏食対応は次の4つの柱で成り立っています

① 情報収集

　情報収集はあらゆる対応のスタート地点であると同時に、その効果を測定するという意味でゴール地点でもあります。子どもが今発達を含めどういう状態なのか、どのような対応が実施可能か、実施した対応がどう影響したか、など偏食対応を実施するにあたっては常に周辺の情報を収集することが求められます。

情報収集

② 栄養管理

　実際の対応では食事量のコントロールも行うため、減らしすぎ増やしすぎを防ぎ子どもの健康状態を適切に保つために栄養管理は必須になります。偏食の原因が食べ過ぎなどの場合は栄養管理が直接対応法になりますし、栄養状態を管理しながら対応方法を調整することが基本になります。地味ですが食事を介した支援の基本となるものです。

栄養管理

発達障害児の偏食改善マニュアル

第1章
偏食に関する基礎知識

食事の支援

③食事の支援

　対応の中で最もテクニカルなものが食事の支援になります。子どもが食べられるように食事の形態を変更したり、味や見かけを整えたりする調理にかかわる方法、食事の環境を整えたり子どもと駆け引きを行ったりする食事にかかわる方法などさまざまな方法があります。

家庭との連携

④家庭との連携

　子どもたちのことを一番よく知っていて、子どもたちが最も長い時間を過ごす場所である家庭との連携なくして偏食の改善は見込めません。①〜③にあげたものについても家庭との連携が前提となっているものがほとんどですので、まずは偏食改善という目標に向けて家庭と足並みをそろえていくことが大切です。

9

2 偏食対応の実例

【偏食対応の基本的な流れ】

　偏食対応とは、言い換えれば、食べられるものを増やすための取り組みです。今食べられているものをベースとし、そこから1つずつ食べられるものを増やしていくことが基本的なプロセスになります。

> **Point** 展開の考え方：今食べることができているものに似ている食材・料理が狙い目です。

　偏食対応においては対応を実施してみて初めてわかる事柄が非常に多く、当初の計画通りに進むことばかりではありません。うまくいかないことが本当の理解につながることもあるので、トライ＆エラーが基本と割り切り、諦めずに対応してください。
　トライ＆エラーを繰り返すうえで、大事なポイントは次の3点になります。

子どもの「好き」を探る

　偏食のある子どもにも、極端な例を除けば、食べることができる「好き」な食べ物があります。その「好き」というのは、味だったり見た目だったり食べやすさだったりさまざまです。まずはその子どもにとっての「好き」が何か探っていきます。

子どもの「好き」とそれ以外を区別する「何か」を探る

　「好き」なものがあるということは、そうでないものがあるということです。この「好き」とそれ以外とを区別する「何か」こそが偏食の原因となっている事情です。なぜ「好き」なのか、逆にいえばなぜ「好き」ではないのかを検討し、この「何か」を探っていきます。

子どもの「好き」を生かして偏食に対応する

　子どもが何を「好き」なのかがわかれば、そこから食事の幅を広げていくことが可能です。また、「好き」を生かして原因を解決することで偏食そのものを改善していきます。これが対応の基本になります。

【偏食改善の実際のプロセス】

実際に偏食はどのように改善していくのか、その具体的なプロセスを見てみましょう。

事例②　ご飯とレトルト食品のペースト、お菓子のみを食べている子どもの場合。

対応①：基本的な情報収集をする

> **結果：**食べている食材から噛まなくて済むもの、飲み込みやすいものが好き、と推測。あわせて口腔機能の発達不足も考慮。

方針決定

①食べられる食材の種類を増やす
→ さまざまな食材を形態変更して今食べられているペースト、お菓子に寄せて提供する。
②咀嚼の練習をする
→ 口腔機能を改善するような料理を段階的に提供していく。

対応②：食事の形態を子どもが食べられそうなもの（ペースト）に加工して提供

> **結果：**警戒して食べてくれない。

対応③：警戒を解く方法を探るためにさらに情報収集

> **結果：**家では食べるものを子どもが選び、見えるところで皿に盛り付けていたため、「自分で選んだレトルト（ペースト）」しか食べられない状態だったことが判明。

対応④：「レトルト以外のペースト」を食べられるようになることを目指し、家でも子どもの見えないところで皿に盛り付ける習慣をつけてもらう

> **結果：**園でのペースト食を食べるようになる。

まとめ4

- 偏食対応は食べられるものを1つずつ増やしていく取り組みです。
- 対応にあたっては、子どもの「好き」を最大限活用することが大切です。
- 家庭での食べ方を聞き、食べられるもののパターンを知ることが、対応をすすめるうえで大きなヒントになります。

➡ **子どものため、粘り強く対応を進めていきましょう。**

3 心構え4ヵ条

　具体的な偏食改善に向けた対応を始める前に、その前提条件について説明します。対応が十全に効力を発揮するための必須条件となるため、常にこの条件を満たしているか、確認を怠らないようにしてください。

目標が何か忘れないようにしましょう

　偏食への取り組みとしてかけひきが実践されることが多いですが、かけひきによって食べられるようになったとしてもそれは偏食が改善したこととイコールではない可能性があります。すなわち、「○○は食べられる」ではなく、「▽▽先生が出してくれるものは食べられる」といったように食材との関係ではなく、先生や場所との関係で食べるようになってしまうことがあります。この場合、食べさせる人が変わると今まで通り食べられなくなってしまい、家庭では全く偏食が改善され

ません。偏食改善として目指すべきところは、子どもたちが、さまざまな食材・料理をかけひきがない状態で自ら口にでき、おいしいと思えるようになることです。これが実現して初めて偏食は改善した、といえるのです。食べさせるという目の前の結果にこだわって本来の目的を見失ってはなりません。食材を覚えること、自分は食べられるという自信、おいしいと思える環境づくりが重要であるということを忘れないようにしましょう。

こどものことを第1に考えましょう

　子どものことを第一に考え、まず、何ならできるか、どうやったらできるかという発想ではじめましょう。

　何か始めないと子どもは変わりませんし、子どものことを理解できません。できる範囲から少しでも始めると子どもの変化や子どもの困り感がわかり、小さい支援でも重要さがわかります。食べられないのは子どもだけの問題ではなく、大人の問題が大きいこともあります。小さな支援が子どもの将来に大きくかかわることを認識しましょう。

　子どもが嫌がっているので苦手な感覚から遠ざける、という判断は場合によっては尊重されるべきです。しかし、苦手な感覚から遠ざけ続けると、苦手意識はどんどん強まってしまい、克服する機会を逸することにもつながりかねません。苦手な感覚への配慮はやはり必要ですが、偏食が改善できればその後の人生の豊かさは比較にならないほど大きくなります。今だけでなく未来のことも考えて、ベストなかかわりを探っていきましょう。

発達障害児の偏食改善マニュアル

第1章
偏食に関する基礎知識

試行錯誤が前提であることを忘れないようにしましょう

　支援にあたっては子どもの様子や各種情報をふまえ、原因にあたりをつけて対応を行っていきますが、はじめのうちは見立てや対応などを含め、スムーズにいかないことも多いです。そもそも見立て違いで原因が別にあったり、見立ては正しくとも対応がまずかったりなどなかなか結果に結びつかず苦労することもあるでしょう。しかし、何かアプローチしてみないことには子どもの困難さを理解することはできません。さまざまな支援を行うことでようやく本当の原因にたどり着き、それに合わせて支援内容を修正することも多いです。

　「偏食対応では試行錯誤が大前提！」ということを忘れずに、その子にとって最善のかかわりは何か模索し続けてください。

家庭や職員との連携体制を構築しましょう

　子どもの好み、食事状況の把握、食事量の調整など、家庭との連携・協力は欠かせません。偏食の改善という目標に向けて足並みをそろえて取り組むことが大切です。

　職員の連携については、立ち話程度でもいいので小まめに情報交換し、子どもの様子に合わせたタイミングのいい対応を行えるようにしましょう。普段から情報交換したり、困ったときに相談できるような環境を整えていきましょう。

　また子どもがどのような特性をもち、どこを大切にして支援していくかという点を、食べるものを作る職員と介助する職員とで共有することも大切です。

　良い結果になった例などを共有したり、使用した媒体などを共有して使えるように工夫したり、同じようなケースを担任にもった時に、対応の意識をもてるように簡単な施設内研修を行うことも効果的です。

> **Point　家族の気持ちを大切に**
>
> 　家族は、長年子どもが食事を食べられないことに悩み、具合が悪くならないように必死に食べさせてきた経緯があります。そこへきて今までと違うことをしましょうと言われても、すぐ納得することは難しいかもしれません。まずはこうした保護者の不安な気持ちを理解し、否定することなく受け止めることから始めていきましょう。

13

偏食対応最前線

　やっかいな「偏食」ですが、勤務する広島市西部こども療育センターでは、本書で紹介するようなさまざまな実践を通じ、偏食を改善に導くことに成功しています。次の表は、2018(平成30)年までに同センターで対応を実施した子どもの変化です。入園時、炭水化物のみしか食べられない子どもも多く、大半は炭水化物とたんぱく系の肉や魚のみ食べられる程度でした。

　その後対応を実施することで、半数程度は給食を完食できるようになっています。残りの半数は完食まではいっていませんが、一部の野菜は食べられるようになるなどある程度の改善傾向はみられました(完食できていない子どもたちは、入園後、一年で保育園などに移行したり、年長時に入園にするなど対応を実施する期間が短かったということも影響しています)。偏食は一朝一夕で解決する問題ではありませんが、対応を実践すれば少しずつでも変化していきます。諦めず、粘り強く対応していきましょう。

口腔感覚対応食を出した子どもの変化
(30年度卒まで)

	ほぼ全部食べられる	一部野菜を食べられる	炭水化物と蛋白のもの	炭水化物のみ	流動・ミルクのみ	計
入園時		16	35	61	2	114
卒園時	57	47	7	3		114

第2章

偏食改善マニュアル❶
子どもの状態を確認する

偏食への対応を行うとき、気になるところから対応したり、子どもが食べるようかけひきをおこなうだけではその場限りの対処にしかならず、いつまでも偏食への対応を続けなくてはなりません。本当の意味で偏食を改善するため、栄養状態、発達、口腔機能、感覚など子どもの状態を把握し、偏食の根本的な原因を解消しましょう。

子どもの状態を確認する

　偏食改善に向けた取り組みは、体重や身長といった数値的なものから日ごろの生活状態、家庭環境など、全体的な意味としての"子どもの状態"を把握することから始まります。そして子どもの姿は絶えず変化し続けるため、状態把握もその都度行う必要があります。

　子どもの状態を把握することは偏食改善に向けた第1歩であると同時に、あらゆる対応の前提条件となります。常に子どもの状態を把握することを念頭に置きながら、対応していきましょう。

1 情報収集の基本

　子どもの状態を確認するためにはまずは保護者から子どもの様子を聞き取ることが必要です。聞き取りの際は、保護者の方の今までの苦労や工夫を聞きましょう。そこには、子どもの特性や保護者の方が長年特性にあわせてきた対処法や対処のヒント、子どもの難しさがわかる内容が多くあります。疑問に思ったところ、気になったところは、詳しく聞き返しましょう。

　また園や施設での生活の様子も大きなヒントになります。あらかじめチェックするポイントを設定しておき都度記録を取るほか、気づいた点、気になる点をメモしておきましょう。

● 簡易チェックリスト

【子どものこと】	□名前
	□生年月日／年齢／性別
	□身長／体重
	□障害／疾患
	□成育歴　など
	□発達状況、言語理解や認知　など
【食事の状況】	□朝食、昼食、夕食の内容
	□おやつなど食事以外で口にしている物の内容
	□飲んでいる物の内容
	□食べられないもの
	□食事の時間
	□食事時の様子
	□食事の提供状況　など
【その他】	□起床・就寝時間など生活リズム
	□子どもが好きなもの
	□家庭の状況　など

Point　確認の順番について

　子どもの健康・安全の観点および対応の実効性の観点から、最初に解決すべきは身体・栄養状態の問題です。そのためまずは子どもの栄養状態を確認し、それからその他の課題に取り組んでいきます。

● 図　基本的な対応の順番

①身体・栄養状態（食事内容と栄養摂取量の把握） → ②口腔機能 → ③感　覚

※気になるところだけではなく、おそらく問題ないと思われることであっても①～③の状態をすべて観察し、調べて把握する
※項目の対応策をあてはめて計画していくが、優先順位としては、①から③の数字の少ない方を優先する

2 子どもの状態を把握する

 目的
① 具体的な摂食内容を把握することで、食べられる食事を提供する環境を整える
② 具体的な摂食状況を把握することで、子どもの偏食の傾向をつかむ

　いま子どもがどういう状態なのか、何に困っているのか、これからどうしたいのか、という、偏食対応を行ううえでの起点となる情報を収集していきます。

手順① 食べられるものを把握する

- 食べられる機会を少しでもつくるために、今現在家庭で食べられている食事の内容について可能な限り詳細に聞き取ります。
- 食べられる食材（料理）の名前だけでなく、材料、調理方法、盛り付け方、食事のあげ方、食事のタイミング・状況など可能な限り詳細に聞き取ります。

⇒まわりが考えているより食べられるものの範囲が限定されていることがあり、例えば「レトルトカレー」を食べられるように見えていても実際には「A社のレトルトカレー」だけが食べられる、というような場合もあります。そういう場合、食材以外の情報が役に立ちます。

Point 避けたい食事の状況

家庭での食事が次のような状況だと後の対応にも影響するため、保護者と連携して改善に取り組みましょう。

- **食事の時間が定められておらず、子どもが食べたがったときに食べさせている**
  ⇒「食事の時間」が理解できず、食事時間の離席などの原因になってしまいます。食事の時間を一定に定め、それ以外の時間には食事を与えないようにしましょう。
- **泣いたり暴れたりしたときに食事を与えている**
  ⇒泣く・暴れるが食事を要求する手段だと誤学習してしまいます。泣いてほしがっても食事を出さないようにしてください。
- **食事の内容を子どもに聞いて決める**
  ⇒子どもに食べたいものを聞いて食事を決めていることがあります。給食などは自分で決められないので、食べたくない状態になりがちです。食事は、大人が決めましょう。

手順② 食べられるものを実際に提供し、子どもの様子を見る

- ①で把握した食べられるものを実際に提供し、子どもの様子を確認します。
- 給食で食べているもの、食べている様子 (食べられていない場合もどのような様子か) を観察します。
- 観察結果は『食事記録票 (129ページ参照)』に記録し、共有できるようにします。

■食事記録表記入例

	氏名	主食	主菜	副菜	汁	デザート		氏名	主食	主菜	副菜	汁	デザート
	A君	○	○	○	○	○		I君	×	1/2	○	○	○
	B君	○	○	少し残す	○	○		J君	○	○	○	○	○
	Cちゃん	○	○ トマト×	椎茸・里芋×	汁のみ	○		Kちゃん	○	○	○	○	○
	Dちゃん	○	1/2	○	○	○		Lちゃん	おかわり	2/3	○ 芋筍×	○	○
ぞう	E君	○	○	?	○	×		M君	○	○	○	○	一口
	F君	白ごはん	おかわり	とり・いも・豆	×	×	くま	N君	1/2	○	×	自分で飲む	×
	G君	○	○	×	?	○		O君	○	2	こんにゃくのみ	×	○
	H君	×	○	にんじんのみ	ふ×	○		P君	○	○	○	○	○
らいお													
							ひ						

記録のつけ方

- 食べたものに○、食べなかったものに×をつけます。

- 食べたもの／食べなかったものに何か傾向があればその旨も記入します。

> **例** トマトだけが食べられない 　　　　　　　　　　　　　：○　トマト× (Cちゃん)
> 　　　食材にこだわらずまんべんなく食べているが少量残す：すこし残す (B君)
> 　　　にんじんだけ食べる 　　　　　　　　　　　　　　　：にんじんのみ (H君)

- 「おかわりをした」など、特徴的なことがあればそれを記入します。

発達障害児の偏食改善マニュアル

手順③ 「食べられるものリスト」を作成する

- ①②を参考に、子どもが食べられるものをまとめてリスト化します。
- 対応初期はこのリストをもとに子どもが食べることができる食事を用意し、提供していくことになります。
- 状態に変化があったり、新しい情報があればその都度リストを更新しましょう。

■食べられるものリスト記入例

	食べられるもの	以前食べていたもの
ごはん	ごはん	
めん	焼きそば　うどん	
パン	トースト	
肉	から揚げ	
魚		
豆腐		
卵		
加工品		
乳製品		
いも	じゃがいもソテー　ポテト	
野菜		
きのこ		
汁		
果物	バナナ　メロン	
飲み物	ジュース　水	
菓子	チョコ　アイス	
その他		

食べられるものリストの使い方

1）対応開始時はこのリストにしたがって食事を用意し、"食べること"そのことに慣れさせていきます。家庭以外でも安心して食べられるものがあると認識してもらいます。

2）食べられるものリストに記載された内容などを参考に、偏食の原因を推測します。

3）推測をもとに対応を行い、子どもの食がひろがったら、リストに追加します。以降、対応の検討・実行をくり返します。

第2章 偏食改善マニュアル❶ 子どもの状態を確認する

19

3 身体・栄養状態を確認する

 目的
① 状態を把握し、実施できる対応方法を確認する
② 状態を把握し、食事量が適切か確認する
③ 状態を把握し、実施した対応がどう影響したか確認する

　偏食対応を行うことで子どもの健康を損ねるようなことがあれば本末転倒です。対応を実施する際には常に子どもの身体・栄養状態を確認し、対応の結果、子どもにどのような影響が生じているかを確認する必要があります。特に食べ過ぎや食べなさすぎは避けるべき状態ですので、食事の内容や栄養状態から摂食状況を正確に見極める必要があります。食べる種類を増やすには、現在食べているものを減らし、提供する食材を増やしていきます。また、体重が多い場合、偏食がなおり難いので、管理しましょう。

手順① 食事記録を提供してもらう

- 子どもが食べたり飲んだりしたものを保護者に記録してもらい、『食事調査表（128ページ参照）』としてまとめてもらいます。
- 平日と休日（通園日と休みの日）いずれもふくめ、3〜7日分記録します。
- 食べている量を数値で示せない場合は茶碗1杯などわかる範囲で記録します。
- 3食と間食以外に食べている場合はその時間もあわせて記入します。
- 水やお茶、ジュースなど、飲み物も種類と量を記入します。
- 味噌汁や料理もできるだけ入っている具材も含めて書いてもらいます。

※以前食べていたものは食べられるようになりやすいので、メモで欄外に書いてもらいましょう。

■食事調査表

		見本		月	日	月	日	月	日	月	日
	品名	量	品名	量	品名	量	品名	量	品名	量
朝	食パン	6枚切り/1枚									
	ハムエッグ	1枚									
	牛乳	コップ1									
昼	給食										
間食	クッキー	5枚									
夕	ごはん	1杯（ g）									
	豚生姜焼き	80g									
	きゃべつ	そえ									
	ホウレン草のごま和え	小丼1									
	味噌汁（豆腐・わかめ）	お椀1									

手順② 摂取エネルギー量を計算する

- 『食事調査表』をもとに、摂取しているものを栄養計算し、エネルギー量を算出します。
- 栄養価の計算にあたっては日本食品標準成分表を参考にしてください（簡単に計算するソフトなども公開されていますので適宜参照してください）。

間食						
夕	うなぎ	1尾	ハンバーグ	1個	ぶり	1切れ
	ぶり煮	2切れ	ぶり煮	3切れ	ミートスパ	お茶碗1杯
	コロネパン	1個	つな缶	2/3	バームクーヘン	1個
	ヨーグルト	3/4個	ナゲット	3個	ポテトとハム炒め	いも3個分
	ナゲット	3個	ポテト	5口	ナゲット	3個
	マックポテト	S	ラーメン	マグカップ1	プリン	1個
	みかんジュース	190ml*3			みかんジュース	190ml*3
エネルギー	1374		1027		959	

手順③ 栄養状態を確認する

栄養・子どもの発育に関するさまざまな数値を用いることで、現在の子どもの栄養状態を確認することができます。

ここでは、a〜dの4人を例として示し、具体的な確認方法を紹介します。

a	• 男児	• 2歳6ヶ月	• 92cm／13kg	• 活動量は標準的
b	• 女児	• 3歳3ヶ月	• 96cm／14kg	• 活発
c	• 男児	• 4歳3ヶ月	• 102cm／18kg	• 活動レベルは低い
d	• 女児	• 5歳0ヶ月	• 108cm／16kg	• 標準

推定エネルギー必要量

体重 × 年齢の基礎代謝基準値 × 活動レベル ＋ エネルギー貯蓄量 で算出します。

※計算に用いる発達障害児の活動レベルは1.2〜1.3が多く、活動量が多い子で1.4、肢体不自由児（筋緊張が強い場合は除く）、ダウン症、筋肉量の少ない子は、1.2以下にする場合もあります。

- それぞれの数値は「日本人の食事摂取基準」を参照して下さい。
- 先に求めた摂取エネルギー量と比較することで、食べすぎ、食べなさすぎがおおよそ判断できます。
- 次項に示す成長曲線等をあわせ、適切な食事量を求めてください。

3〜5歳	一般的なエネルギー量	1250〜1300kcal
	発達障害児エネルギー量の目安	800〜1300kcal
6歳	一般的なエネルギー量	1450〜1550kcal
	発達障害児エネルギー量の目安	900〜1300kcal

成長曲線

- 身長体重をもとに作成します。
- できれば昔の身長体重も記録をもらって記入します。
- 偏食への対応をすすめると同時に、指数が適切な数値になるよう食事内容を調整することで、子どもの健康が保持されます。

※やせ気味の場合、体質的なやせなのか、最近痩せてきてしまっていて本来適正体重がもっとあっていいか、など判断の参考にできます。
　Cのような状態では、偏食がなおる可能性が低いです。

- P.21のa〜dについて、発達をよみとってみましょう。

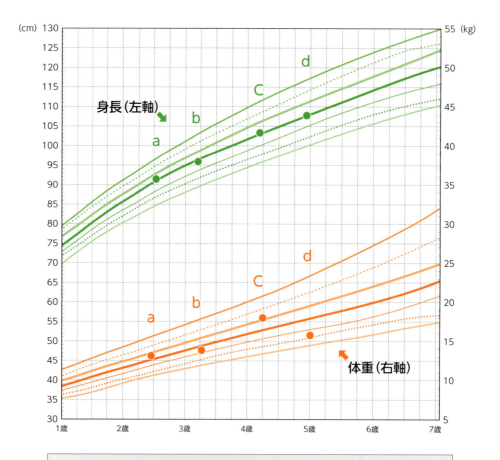

a	身長の位置と体重の位置が、同じライン(何本目か)の場合	→ ○
b	身長の位置と体重の位置が、体重の方が身長より一つ下	→ ○
c	身長の位置と体重の位置が、体重の方が身長より上	→ 食べすぎ
d	身長の位置と体重の位置が、体重の方が身長より2つ下	→ もう少し食べましょう

- 定期的に記録をとり、各点を結んだものがその子どもの成長曲線となります。
- 成長曲線が基準線のいずれかとおおよそ同じような角度で推移していれば、その子どもの食事内容は適当であると判断できます。
- 逆に、基準線から大きく逸脱するような場合、食事内容あるいは子どもの状態に何かしらの問題があると判断できます。
- 食べられるようになった子どもの成長曲線は、偏食があった入園時も、偏食がなおった卒園時も一定ペースの体重増加で大きくは増えません。食べていたものを減らした分、違う食材に入れ替わるので、現在食べているものを減らさないと、種類を増やすのは難しいです。

■食べられるようになった子どもの成長曲線

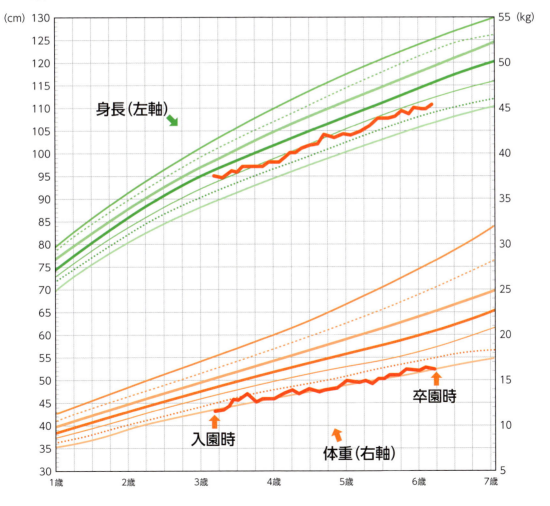

カウプ指数

- カウプ指数とは、乳幼児の栄養状態や体格の判定に用いられる指数です。
- 体重÷身長(m)÷身長(m) で算出します。
- 一般的に幼児は15.5ぐらい、3～5歳で14.5～16.5が平均的な数値といわれていますが、発達障害の子どもの場合は14.5～16ぐらいを目安にします。
- 数値が14.5～16から外れてしまっている場合は、妥当と思われるカウプ指数を決定し、それと現在の身長とで目標体重を算出、その体重になるよう食事量を調整していきます。

P.23の a～d を計算してみましょう。

a のカウプ指数 ＝ 13 ÷ 0.92 ÷ 0.92 ≒ **15.4**
b の 〃 ＝ 14 ÷ 0.96 ÷ 0.96 ≒ **15.2**
c の 〃 ＝ 18 ÷ 1.02 ÷ 1.02 ≒ **17.3**
d の 〃 ＝ 16 ÷ 1.08 ÷ 1.08 ≒ **13.7**

目標体重＝身長(m)×身長(m)×妥当と思われるカウプ指数

■カウプ指数のよみとり

月齢＼カウプ指数	13	14	15	16	17	18	19	20	21
乳児(3か月～)	やせすぎ	やせすぎ	やせぎみ	やせぎみ	普通	普通	太りぎみ	太りぎみ	太りすぎ
満 1 歳									
1歳6か月									
満 2 歳				a					
満 3 歳			b						
満 4 歳					c				
満 5 歳		d							

運動発達に遅れがある場合、カウプ指数が継続的に14.5以下になる場合であっても、体調が悪くなければ、そのあたりが適正な体重と考えて問題ありません。
一方、カウプ指数が12以下になると体調不調になりやすいので食事量を増やし、積極的に体重を増やすようにしていく必要があります。

手順④ 集めた情報をもとに、対応をすすめる

- ②で求めた摂取エネルギー量と、③で求めた推定エネルギー必要量を比較し、同じぐらいであれば、その数値を参考に対応をすすめていきます。
- 両者が大きく異なる場合は、活動の様子、食事記録の内容の再確認をおこないます。
  ⇒食事記録を記入した日以外で食事摂取量が大きく上下していないか
  　記録内容に間違いはないか、
  　摂取量のエネルギー換算に間違えが無いか　等
- その摂取エネルギー量で、体重過不足がある場合は、その過不足を加味して推定エネルギー必要量を再検討し、それに基づいて対応をすすめます。
- 推定エネルギー必要量と食事記録を参考に、摂取量が多い物、不足しているものを検討し、どのように増やしていくかを検討します。
- 実施し対応を行った後の体重、身長の変化や指導の後の実際の摂取の状況を確認しながら偏食の改善状況とあわせ、必要エネルギー量を再検討します。

Point　　必要エネルギー量は、生命を維持したり、体を動かしたりするために必要な力のことで、一般的には年齢等から算出することが多いです。しかし、実際に偏食を持つ子どもの食事記録から摂取量を計算すると、一般的な数値の7割程度エネルギーで十分な子どもが多いようです（個人差、食事記録過小評価の影響の可能性あり）。

子どもの発達状態を確認する

　子どもの発達に関して、遠城寺式発達検査では、移動運動・手の運動・基本的習慣・対人関係・発語・言語理解の6項目を発達の指標としていますが、こうした心身の発達がどの程度進んでいるかによって、とれる手段が変わってきます。

　たとえば、ことばの理解ができている子どもの場合には、「これを食べたらこれが食べられるよ」といった「かけひき」をして新しい食材にチャレンジすることが可能な場合もあるなど、発達の状況によってはより積極的な対応を行うことも可能になります。

　偏食対応のため、子どもの発達を大まかでいいので把握し、どういったかかわりを行うことができるかの参考にし、子どもの発達とともに、支援内容を見直していきましょう。

● 子どもの発達状態

発達状態	子どもの姿	可能な対応方法
感覚的に食べる 目が合わない	● 触った感覚で食べている ● 長く座っていられない ● 好きなものの終わりがわからない	● 感覚に合わせながら、今より噛む力がつくものに変えていく
形の分別をし始める	● 好みの形状だと食べる ● 好みの味だと食べる	● 食材を好みの形状に加工する
言葉の理解ができ、簡単な指示を実行できる	● ほめられると少し笑顔がみられる	● 少し頑張ればできることにチャレンジしてもらい、ほめる

感覚的に食べている

- 安心できる環境を用意し、「食べることは楽しい」「見たことないものでも食べたらおいしい」「この人がすすめたものはおいしい」といった経験をさせましょう。
　95ページを参考に好みそうなものを提供します。

※同じ食材ばかりでなく、種類は増やすように心がけましょう。

形の分別をし始める

- 繊切り状や、フレーク状、そぼろ状など形がわかりやすく、手を出しやすい食材を用意し、好みを探っていきます。好みの形状に似せた形状にすると新しい食材でも食べ始めることが多いです。
- 好み始めた食材と一緒に、次に挑戦したい食材を繊切状にし、同じ味つけにして並べておくと食べられるようになることが多いです。

　例 春雨などを好むようになったら、色味が似ている玉葱や大根の繊切りを混ぜて好みの味で提供してみる。

言葉の理解ができ、簡単な指示を実行できる

- 少し好きなものと引き換えに、まだ食べられないが、食べられるようになりそうなものを一口すすめます。
- お皿に盛る量を少なくしからっぽにできたらほめ、からっぽにできる経験を積み重ねます（2歳以上の認知が必要と思われる）。必要に応じてからっぽシール帳（114、133ページ参照）なども利用しましょう。
- 数が少しわかったり、興味がある場合は、口頭での指示が伝わり易くなるので声掛けによる支援を増やしていきます。
- 食べてほしい順番や「何個頑張る」「何個空っぽにできる」「何回噛む」「何時に食べる」など、カレンダーを使ったり数字を書き示すなどしながら伝えていきます。
- 食材名がわかるようになれば、食材カードなどで食材名を教えていきます。

口腔機能を確認する

　"食べる機能（口腔機能）の発達"を原因とする偏食に対しては、その子どもの口腔機能の状態にあった食事を提供して、安心して食事を楽しむことができるようになってから、口腔機能をアップさせるような支援する必要があります。

咀嚼→送り込み→嚥下の流れ

　食事を摂るときの口の動きを簡単に説明すると、食べ物を噛んで塊にする「咀嚼」、できた塊を喉へ送る「送り込み」、送り込んだ塊を飲み込む「嚥下」の3段階に区別することができます。発達に障害がある子どもはこうした摂食のために必要な機能の獲得に時間がかかったり、その発達にばらつきがあることが多く、それが「食べられない」原因になっていることがあります。

　また噛みにくい、飲み込みづらい、といった経験を重ねてしまうと、見た目にわかりやすく、安心して食べられるものだけを食べるようになってしまい、偏食に陥ってしまうこともあります。

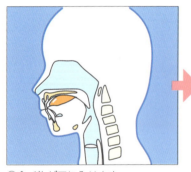

①食べ物が口に入ります

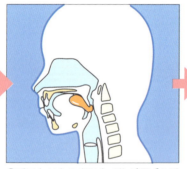

②舌で左か右の歯に食べ物が運ばれ舌と頬で食べ物を支えて噛みます

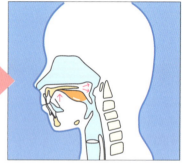

③食べ物をかみ砕いてすり潰して塊にまとめます

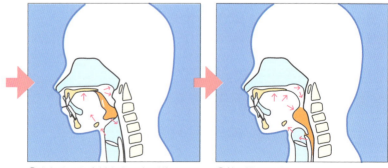

④まとまった食材を喉の方に送りこみます

⑤飲み込みます

"あたり"のつけかた

　安心して食事を楽しめるようになるためには、その子どもの口腔機能の状態にあった食事を提供することが大切です。そのため、それぞれが今どの程度の状態にあって、どんな様子であれば問題がないか確認する必要があります。以下に示すのは各機能に課題をもつ子どもの「よくある」姿です。日常の姿をしっかり確認して何が課題になっているか探っていきましょう。

■咀嚼が原因となっていそうな場合
- 噛めるしすりつぶせるが、力が弱く硬い物が噛めない
- 噛めるがすりつぶせない
- 前歯では噛めるが奥歯で噛めない
- 歯ではなく舌でつぶしている
- 噛めていない（丸呑みしている）

■送り込みが原因となっていそうな場合
- 粒のあるものを送りこめず、嫌がったり、だしてしまう
- 粘りの強いものを送りこめず、嫌がったり、だしてしまう
- 舌で送り込めているが、とろみが少し強いと難しそう
- 食べたものが口の端からこぼれてしまう

■嚥下が原因となっていそうな場合
- サラサラの水分が飲みにくい、むせる
- スパウトや哺乳瓶でないと水分が飲めない
- どの状態でもうまく飲めない（誤嚥の疑いがある）

注意点　※これらは独立した課題ではなく複合した課題であることが多いです。
　そのため、咀嚼だけ、送り込みだけ、といった具合に狭い視野に陥ることなく、常に今何が課題になっているかを再チェックしながら対応を進めてください。もちろん口腔機能以外の原因（感覚、発達）の可能性も常に考慮に入れてください。

まとめ 5

- 咀嚼、送り込み、嚥下いずれかに課題があるとうまく食べることができません。
- 「うまく食べられない経験」が偏食のもとになることがあります。
- 何が原因でうまく食べられないのか、しっかり見極める必要があります。

➡ **子どもの状態にあわせ、「うまく食べられる」工夫をしましょう。**

1 咀嚼

　咀嚼は一般に口に入れた食べ物を歯で噛み砕くことだけを指すと思われがちですが、正確にいうと、口に入れたものを飲み込みやすい状態（食塊）にする一連の口腔の動きを意味します。

　このように咀嚼にはいくつかの要素が入り混じっているため、一口に「咀嚼に課題がある」といってもそのポイントはさまざまです。

　今どこまでできるか、何が難しいかを見極め、次の段階へ進めるよう支援を行っていきましょう。

● 咀嚼の流れ

①噛み切る
↓
②噛み切ったものを舌で歯の上に移動させる
↓
③歯の上に保持する・歯で細かくする
↓
④奥歯ですりつぶして「食塊」を形成する

● 咀嚼段階推定簡易フローチャート

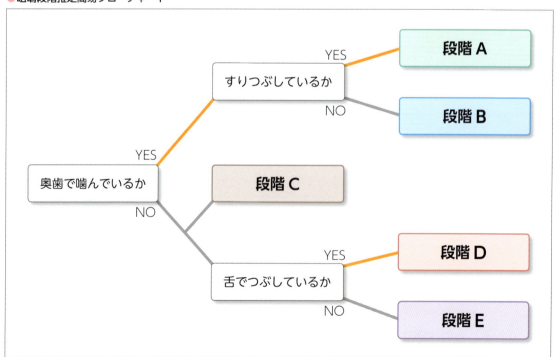

チェックポイント

☝ 奥歯で噛んでいるか
あごの動きとしては食材を噛む上下の動きと食材をすりつぶす左右の動きがあります。あごを使わず、前歯だけで噛んでいることがありますが、ここではあごの上下の動きがしっかりできているか確認しましょう。

✌ 舌が動いているか
舌を扱うことができているかを確認します。舌にはやわらかい食べ物をつぶす動きのほか、食材を歯の上に移動させ、そこに保持する動きがあります。歯を使った咀嚼を行う準備ができているか確認しましょう。丸呑みしている場合はできていないことが多いです。

🖐 すりつぶしているか
奥歯ですりつぶして食塊を形成するのは咀嚼の最終段階であり、これができれば咀嚼にはほぼ問題がないといえます。すりつぶしができていても、どのような食材が苦手で、どのように食べているかなど確認しましょう。

● 咀嚼力段階表

段階	具体的な状態(日常の姿)	目指す姿
A	奥歯で噛める すりつぶせる	● 咀嚼に問題はない・ものによっては食べにくいものもある(繊維の強い物、弾力のある物など)	噛みにくいものを練習し、噛む力をつける
B	奥歯で噛める すりつぶせない	● すりつぶしがいらないものを食べている	すりつぶして噛める
C	奥歯で噛めない 前歯で噛む	● 噛みやすいものを前歯で小さくして食べている	奥歯で噛む
D	舌でつぶす	● もごもごとして舌でつぶして飲んでいる ● 舌が左右に動かない	奥歯で噛む 舌が左右に動く
E	丸呑み	● 口に入れるとすぐにのんだり、勢いをつけてのみこんだりしている ● 舌が左右に動かない	奥歯で噛む、舌が左右に動く、大きいものを飲めないようにする

みきわめポイント

　食材はその材質差から摂取する際に必要となる咀嚼力に差があります。例えば、ヨーグルトやゼリーなどはそのままつるんと飲み込むことができるため、咀嚼力が未発達の子どもであっても苦労なく摂取することができますが、生野菜や肉などは固く、繊維質なため、ある程度咀嚼力が発達していないと摂取することが困難になります。

　そのため、どんな食材を食べることができているかという点は、子どもの咀嚼力をみる一つの指標になります。

　以下の表は子どもが口にしている食材からその咀嚼の発達段階を推定するものです。あくまで目安となりますが、子どもの咀嚼力の発達段階を推し量ることができます。

● 食べ物と発達

食べているものの材質	具体的な食材	推定段階
繊維があり、水分が少なく、すり潰して噛まないと食べられない	焼いたり炒めたりした肉／焼き魚／生野菜（レタスなど）	A
繊維が少なく、軽く噛むと切れる	せんべい／りんご／コロッケ／汁の具／煮物／魚肉ソーセージ／ポークビッツ／ハンバーグ／繊切り状のもの	B
軽く噛むと割れる（手で持つ、触って食べることあり）	ポテトチップス／スナック菓子／赤ちゃんせんべい／汁の具／煮物／繊切状のもの／刻み食	C
舌でつぶれる	ごはん／麺／パン／バナナ／かぼちゃ／ゼリー／プリン／汁の具／煮物／丼／納豆ごはん	D
水分が多く飲みやすい	ヨーグルト／カレー／丼／汁かけごはん／納豆ごはん／麺／ゼリー／プリン	E

注意点　口腔機能の発達状態からすると難しいものでも、一度食べた経験があると無理やり食べていることがあります。この食材を食べたから今はこの段階、と判断するより、こういう種類・系統の食べ物は食べているな、食べやすそうにしているな、などその子の食傾向をもとに判断するとよいでしょう。

発達障害児の偏食改善マニュアル

第2章
偏食改善マニュアル❶ 子どもの状態を確認する

事例： 咀嚼	ダウン症の女児（3歳）。噛むことが苦手で、家庭ではご飯とおかずを細かく刻んだものを噛まずに食べている。食べ慣れないものは母親が食べさせている。

方針決定	食事を噛んで食べる能力・経験が不足しているので、それを補う対応を実施

対応①：食べることができるヨーグルトとご飯を目の前に並べ、次に挑戦させたいつぶし食（80ページ参照）を遠くにおいて、見慣れさせる。

結果：つぶし食の存在に慣れ、食卓に並べるようにしても拒絶しなくなる。

対応②：ご飯のおかわりを欲しがったとき、一度に盛る量を少なくし、かけひきをしてつぶし食を試す。

結果：つぶし食が噛まなくても食べられることがわかり、安心して食べられるようになる。

対応③：軟らかいものをガーゼ食（36・84ページ参照）で提供、食材を箸で歯の上に乗せるなど、食形態の変更や食事の支援により咀嚼力のトレーニングをすすめる。

結果：軟らかいものであれば噛んで食べられるようになり、噛んで食べることが習慣化する。

対応④：普通食にも挑戦し、噛む力をさらに伸ばす。食べづらい食材は引き続きガーゼ食で練習する。

結果：友達と同じ食事を完食できるようになり、自信がつく。

33

咀嚼が原因の場合の対応方法

対応の基本

①正しい咀嚼の形を体験学習させる

　口腔機能に問題があるときは、口の動きが通常とは異なる状態になっているので、提供する食事の内容や提供方法等により、正しい咀嚼をするときの口の動きを実際に体験させます。

②特別な食事を活用する

　咀嚼の練習を行う際にはいくつか有用な食形態があります（36ページ参照）。それぞれ有効に活用していきましょう。

段階に応じた対応方法

○**咀嚼全般に問題がある場合（目安となる段階： D ・ E ）**

　ねらい あごの上下動、舌の動きなど、咀嚼の基本となる口腔の動きを体験させる

　※安全上の理由から、丸呑みしても大丈夫なように提供する食材の大きさ、固さに注意してください。

　対応 **①直接子どものあごを動かして咀嚼の動きを体験させる**

　自力でうまくあごを動かすことができていない場合は、介助者が子どものあごを動かしてあげましょう。介助者が手で介助しなくてもリズミカルに上下の動きができるようになるまで反復して行います。

　並行してガーゼ食（36・84ページ参照）を提供し、噛む練習を行います。

　②ガーゼ食を活用する

　ガーゼ食を用い、食材を噛ませながら左右に動かすことを繰り返し行います。

　舌が左右に動く姿が見られるようになったら、赤ちゃんせんべいなど溶けやすい食材を口の中に入れてみて、舌が左右に動くか試してみます。

③直接歯の上に食材を乗せる

箸などを用いて食材を直接子どもの歯の上に乗せ、歯を使って噛む練習を行いましょう。

ガーゼ食を用いて噛む練習を行うことに並行して、赤ちゃんせんべいなどそのまま飲み込んでしまっても問題ない食材で練習していきます。

○前歯で細かくはできるが、奥歯をうまく使うことが難しい（目安となる段階：C）

ねらい 奥歯で物を噛む経験をさせ、奥歯で物を噛むことに慣れてもらう

対応 ①「奥の方でかみかみして」などと声をかける

口頭での指示が可能なら、食事中に奥歯で噛むよう声掛けを行います。口頭での指示が難しい場合、奥歯にあてるところまで介助者が手伝い、そのまま噛むようにうながします。

> **Point** 食べ物を前歯でかじる癖がついている子どもに対しては、食べ物をかじった後に腕を軽く抑えてかじったものを手で持てないようにすると、奥歯を使うようになることがあります。

②直接奥歯にあてるようにして食べさせる

ガーゼ食などを用意し、介助者が食べ物を直接子どもの奥歯にあてるようにして食べさせ、奥歯で噛む体験をさせます。受け入れが悪いときは、見本を見せたり、口にあてるだけからはじめ、慣らしていきましょう。

○噛めてはいるがすりつぶしができていない（目安となる段階：A・B）

ねらい 奥歯を使ったすりつぶしの動きを身に着ける

対応 ○ガーゼ食で練習する

すりつぶす動きを体験させるために、肉など繊維があってすりつぶしが必要なものをガーゼ食で提供し、子どもに噛ませていきます。繰り返し噛ませるとガーゼの中身が平べったくなるとうまく噛めなくなるので、ガーゼの中身を整え、常に厚みがある状態で噛ませます。

> **Point** ガーゼ食の受け入れが悪いときはカリカリ食（36・98ページ参照）を食べさせます。はじめは好みのものを食べやすく、小さくしたものからはじめ、徐々に大きくしていきましょう。

咀嚼の練習に役立つ食形態

ガーゼ食

食材、料理をガーゼで包んで提供する食形態です。

ガーゼ越しに食材を噛むことで咀嚼の練習ができ、また窒息の危険も少なく、咀嚼の回数を増やすことができます。

うまく食べることができないが今後のことを考えると食べさせたい、という食材であればこの方法で練習することができます。普通食をそのままガーゼで包んで提供することも可能です。

➡作り方 (85ページ)

カリカリ食

食材を揚げて作る食形態です。子どもの好みの食感・固さのものを用意するために用いることが多いですが、噛む練習にも用いることができます。目的や子どもの状態・好みに応じて硬さや大きさ、食材の種類を調整します。　　➡作り方 (98ページ)

①噛んでいるが、すりつぶしなどができていない場合

その日のメニューにある苦手な食材を噛める大きさで調理します。苦手なものばかりだと手がでないので、慣れるまではポテトなど好きなものも少し入れるようにします。食べ慣れてきたら徐々に大きくしたり、様々な食材に挑戦しましょう。

ジャガイモ

②奥歯にあてて噛まないときに使用する場合

ポテトなど好きな食材で作ったものを介助者が奥歯にあてて噛ませていきます。慣れない場合は、まず子どもに好きに食べてもらい、好きな物とわかってもらってから行うとスムーズです。

③咀嚼が弱い場合に練習する場合

ポテトチップ、カリカリにしたゴボウや食パンなど噛むとすぐ砕けるようなものを使用します。本人の状態に合わせて口に入れる大きさを調整します。

ねりむすび

ごはんは、口に入れると口の中でばらけて噛みずらくなり、丸呑みしやすい食材です。

ごはんを粒がくっつくまでつぶし、棒状や丸い一口のおむすびにすると、口に入れてもばらけず、歯に運びやすく噛みやすいものになります。

少し弾力もあるので、噛む練習用の食材になります。

➡作り方 (85ページ)

コラム 体験してみよう① 咀嚼編

Case1 ごはんを子どもと同じ状態で食べてみよう

噛む回数を調整し、「咀嚼できない状態」での食事を体験することで、子どもの困り感を疑似体験してみましょう。

① いつも通りしっかり噛んで食べる
② 1、2回だけ噛んで食べる
③ 歯を使わず、舌でつぶして飲む
④ 歯も舌も使わず丸呑みする
⑤ それぞれ

> **Point** 実際の支援と同様、食べる側／食べさせる側に分かれて体験することで、食事介助の仕方についても振り返ることができます。

Case2 食材の硬さを意識して食べ比べてみよう

食材の硬さを調整することで、噛みやすさがどう変化するか、体験してみましょう。

① 軽く湯がいたほうれんそう(おひたし程度)を食べる
② 繊維を感じなくなるまで煮込んだほうれんそうを食べる
③ ①を刻んだほうれんそうを食べる

※食べる際は噛む力が弱いことを想定して浅く噛むようにする

Case3 正常な状態を見てみよう

① 正しく咀嚼できている人のあごや舌の動きを観察する
② 咀嚼に課題がある子どもとどこが違うか整理する

> **Point** 反対に、うまく噛めない、丸呑みといった課題のある状態を真似てみて、それを観察することで課題のある状態像を把握することもできます。

2 送り込み

　食材を摂取するためには、食べ物を口に入れそれを細かくなるまで咀嚼したのち、のどへ送り込むことが必要です。口腔機能に課題がない人はあまり意識することが無いかもしれませんが、これがうまくできないと口からだしてしまったり、食べるのに時間がかかって食事量が増えなかったりします。

　送り込みの課題は、離乳食初期から中期の形態を食べている子どもの食事がすすまない原因になることが多いのですが、口のなかにくっつくことによる食べものの食べ難さが一般に理解されていないです。

　例えば、ポタージュのように水分を多く含むものであれば、口の中にくっつくことが少ないので問題となることも少ないですが、あんこなど口の中にくっついてしまうものは、舌の力が足りないとのどに送ることが難しくなってしまいます。

　こうした食の難しさを念頭におき、いま何ができるかを確かめながら対応を進めていきましょう。

●送り込み段階推定簡易フローチャート

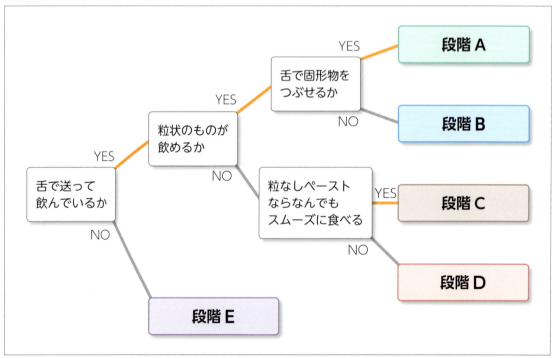

チェックポイント

☝ 舌で送って飲んでいるか
送り込みの力が弱い場合、送り込む力より粘り等が強いものを食べていると、上を向いて食べることが癖になってしまうことがあります。上を向いている場合は水分でゆるめてみましょう。

✌ 粒状のものが飲めるか
粒があると口の中でばらけてしまうため、口の奥に運ぶことが難しくなります。ざらつきや粒でむせたりせず、舌を使ってスムーズに飲むことができるかがポイントです。

🖖 付着の少ない粒なしペーストならスムーズに食べられるか
粒なしペーストでも付着が強いと、舌の力が弱くて送り込めない場合があります。スベラカーゼ®や水分量等で、付着の強さを調整しましょう。

🖐 舌で固形物をつぶせるか
軟らかい固形物を舌でつぶしているか、まだみられない場合は大きな固形物の状態で丸呑みしないように注意しましょう。

●送り込み力段階表

段階	具体的な状態（日常の姿）	目指す姿
A	軟らかいものは舌でつぶして食べられる	●送り込みに大きな問題はない。根菜類など軟らかいものを舌でつぶす	舌が左右に食べ物を歯に運ぶようになる 咀嚼の動きがでる
B	粒があっても飲める	●小さい粒があるフードプロセッサーで回したようなものも食べることができる	軟らかいものは舌でつぶせる
C	粒なしのペースト状が飲める	●粒がなくなる程度にミルサーで回したペーストを食べることができる	粒状も飲める
D	粒なしのペースト状で付着が少ないものは飲める	●ペーストのものを食べるが、芋、麺、ご飯、肉、魚など粘りのあるペーストはすすみが悪い	付着の強い物も飲める
E	液状に近いものは飲める	●ペースト状が苦手、液体に近い方がすすみがいい ●咀嚼が見られる場合は咀嚼練習を始める場合もある	ペースト状も飲める （咀嚼の動きにすすむ子もあり）

第2章 偏食改善マニュアル❶ 子どもの状態を確認する

みきわめポイント

　同じ送り込みでも、舌で軟らかい固形のものをつぶして飲む状態から、細かい粒状を飲む状態、粒のないペースト・液体に近い状態のものを飲む状態までさまざまで、口腔の動きが見えないこともあり、うまく送り込むことができているかわかりづらいです。また、食材の種類によっては粘りや付着が強くなることがあり、見た目だけではわかりにくい食べにくさもあります。子どもが量を多く食べられる状態が食べ易い状態に近いと考え、食べにくさや食べやすさを理解し、支援していくことが大切です。反対に、食べやすそうにしているときに使用している食材の傾向を把握することも忘れないようにしてください。

　以下の表は子どもが口にしている食材からその送り込みの状態を推定するものです。あくまで目安となりますが、子どもの送り込み状態を推し量ることができます。

●食べ物と発達

食べているものの材質	具体的な食材	推定段階
スプーンでつぶすと軽くつぶれる形状	煮物の野菜／バナナ／豆腐／汁物の野菜／納豆／カレー／卵とじ／プリン／ゼリー	A
フードプロセッサーで回すが、粒があるもの、煮物などを細かくつぶしたもの	おかゆ／煮物の野菜／バナナ／豆腐／汁物の野菜／納豆／カレー／ゼリー／プリン／卵とじ／煮物など細かくつぶしたもの／色々な食材をフードプロセッサーにかけたもの	B
ミルサーで回したような粒のないペースト	ヨーグルト／ベビーフード／色々な食材をミルサーにかけたもの	C
野菜や果物など水分の多い食材をミルサーで回した付着の少ないペースト	ヨーグルト／ベビーフード／食材をミルサーにかけたもので肉、魚、麺、ご飯、芋など粘りがでる食材を使用していないペースト	D
液状に近いもの	ミルク／牛乳／ジュース／汁物／流動食	E

注意点　ペースト状は苦手でも刻んだものは大丈夫だったり、液状のものしか飲めなくても咀嚼ができるなど一般的な口腔機能の発達の経過をたどらない場合もあります。どんなものが食事のすすみがよく、どんなものが苦手かをみて対応の方法を検討しましょう。

発達障害児の偏食改善マニュアル

第2章
偏食改善マニュアル❶ 子どもの状態を確認する

事例：送り込み	肢体不自由の3歳男児。胃ろうで、ごはんは少し食べるが口からだしてしまうことが多く、食事量が少ない。

方針決定	食べやすい食事を提供し、食事に慣れる。

対応①：食事はペーストで提供するほか、手が出るものを食べさせる。

結果：付着が強いペーストは苦手、バナナを噛んで食べるが付着が強いため、口から出しながら食べている。

対応②：付着の少ない食形態に変更し、食べが進むものが何かを探る。

結果：元の食材が何かわからない形態では食が進まないが、付着の少ない液状のものであればスムーズに食べられる。普通食は少量ずつ盛り、本人に選ばせると食べられる。

対応③：継続して普通食を少量盛り、本人がおかわりしたいものを食べさせるようにする。

結果：お皿を空っぽにすることがうれしく、食べる種類が増える。

対応④：安全のため嚥下造影を行い、主治医の許可のもと普通食の提供を続ける。

結果：食べる量が増えることで噛む機会が増え、唾液と混ぜて十分に噛めるようになり、完食できるようになる。

41

送り込みが原因の場合の対応方法

対応の基本

○液状の方が飲みやすい場合（目安となる段階：E）

ねらい 十分な水分・栄養を確保したうえで、舌の動きを引き出す

対応 ① 液状に近く飲みやすいものをつかって必要な水分・栄養量を確保します。並行して付着の少ないペーストをすすめ、ペーストを食べられる量が増えてきたら、液状のものを減らしていきます。

> **Point とろみ剤について**
>
> とろみ剤は食べ物や飲み物に加えて混ぜることで、温度に関係なく適度なとろみをつけ、食べ物を飲み込みやすくすることができる粉末状の食品です。とろみをつけることでバラバラになりやすい状態の食品でも口の中でまとまりやすくなり、ゆっくりと喉へ送り込むことができます。水分にトロミをつけることで飲み込みやすくするといった利用方法もあります。

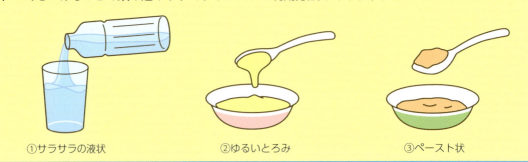

①サラサラの液状　②ゆるいとろみ　③ペースト状

段階に応じた対応方法

○ 粒なしのものであれば問題ない場合（目安となる段階： C ・ D ）

ねらい 食べやすいペースト状から、付着の強いものまで食べられるようになる

対応 ①とろみ剤などをつかって付着や粘りの強さを調整する

　　　　苦手な食材のペーストは水分を多めにして緩くする、とろみ剤をつかってとろみをつける、スベカラーゼ®を使って付着の少ないペーストを用意するなど、子どもの状態に合わせて水分量を調整したり増粘剤等を使ってペーストの具合を調整します。

②少しずつ粒のあるものにも挑戦する

　　　　ムースを細かくつぶしたものや軟らかく煮たものを細かく刻んでとろみをつけたもの、粒なしペーストに少し粒があるものを混ぜるなど、少しずつ粒があるものにも挑戦します。

③　お粥の練習を始めるとき、粘りが強くて食べづらい場合は、スベカラーゼ®をお粥に入れて、温めてから混ぜると粘りが少なくなり食べやすくなります。

○ 粒状のものであっても問題ない場合（目安となる段階： B ）

ねらい 咀嚼に向けて上手に舌を動かせるようにする

対応 ①舌でつぶす動きをひきだす

　　　　舌でつぶせる硬さの根菜類の煮た物やムースを提供し、大きさを調整しながら食べさせ、舌でつぶす動きがでるようにします。

②咀嚼に向けた口腔の動きをうながす

　　　　咀嚼の動きを確認するため、舌でつぶせる固さのものを、大きさを調整しながら歯にのせたり、手でもって歯にあてたりします。

　　　　舌の左右の動き、あごの上下運動など咀嚼の動きに向けてガーゼ食やスティックの提供も開始します。

送り込みの練習に役立つ食形態

つぶし食

①舌でつぶす動きがあり、咀嚼の練習をしたい場合
もごもごとあごが上下に動く感じの場合、箸などで歯の上にのせて、咀嚼させるようにしていき、慣れたら大きさを大きくしていきます。

②舌でつぶす動きをひきだすとき
大きさに気を付けてムースを小さくしたり、薄くスライスして食べさせます。舌でつぶす動きがでてきたら、だんだん大きく、あるいは厚みがでるようにスライスして食べさせます。

③粒なしペーストから、粒ありペーストの練習を行うとき
ムースをとろみのたれの量を多めにして小さめになるようにつぶして食べさせます。むせなどがなくスムーズに食べられるようならだんだんつぶし方を大きくしていきます。

きざみ食

粒なしペーストから粒ありペーストを練習する

まずは刻んでとろみをつけたものを少量食べさせてみて、スムーズに食べられるようならだんだん量を増やしていきます。むせたり、口から出すなど食べるのが難しいようであれば、粒なしペーストに少量混ぜて提供し、練習していきます。慣れたら提供する量を多くしていき移行していきます。

軟固形食

①舌でつぶす動きがあり、あごが上下に動く場合
大きさに気を付けて、箸で歯にのせて咀嚼するようにし練習を行います。

②舌でつぶす動きはあるが、舌が左右に動かない、咀嚼の動きがない場合
ガーゼに包んで、咀嚼練習を行います。

> **コラム** 体験してみよう② 送り込み編

Case1 食材のまとまり理解しよう

　異なる調理形態の刻み食を食べ比べ、食材のまとまりと食べやすさの関係を実感してみましょう。

① ほうれんそうをおひたし程度にゆでたものを刻み、そのまま飲み込む
② ほうれんそうを軟らかくなるまで煮たものを刻み、とろみ剤でまとめたものを飲む

Case2 「舌でつぶれる硬さ」を体験しよう

　ゆで時間を調整し、舌でつぶせるものとそうでないものを用意して、「舌でつぶす」感覚を体験してみましょう。

① 圧力鍋で20分程度加熱した人参（1cm程度）を舌でつぶして食べる
② 箸で刺さる程度にゆでた人参（5mm程度）を可能な限り舌でつぶして飲み込む

Case3 おかゆのペーストを食べ比べてみよう

① おかゆをミルサー®で粒がなくなるまで回したペーストを食べる
② おかゆ60gにスベカラーゼ®1gを加え、ミルサーで粒がなくなるまで回したペーストを食べる

※子どもの状態を疑似的に再現するため、唇を少し開けて飲んでみましょう。

3 嚥下

　嚥下は噛み砕いた食物や液体を飲み込むことです。子どもはミルクや母乳などを日常的に飲みますが、さらさらとした液状のものはのどへの流入が早く、うまく口腔で処理できないと、むせたりしてしまい苦手感をつくりやすいです。そのため水分を摂ることを嫌がり水分不足になることもあります。

　普通食を噛んで食べている場合でも、水分の嚥下は難しいこともあり、また、誤嚥など医師の確認が必要な場合もあります。

●嚥下段階推定簡易フローチャート

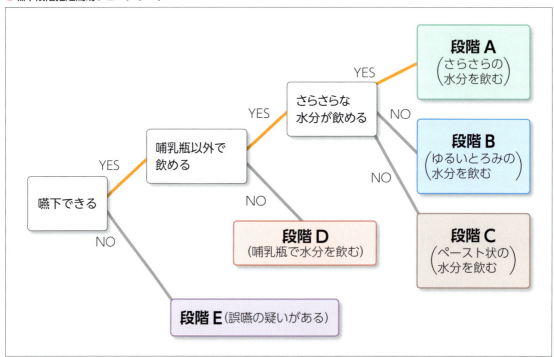

チェックポイント

☝ 嚥下の状態に問題がある
むせや発熱等が多い場合は嚥下の状態に問題がある可能性があるため、医師に確認しましょう。問題がない場合は、まずは、必要な水分や栄養を確保することを優先しましょう。

✌ 哺乳瓶以外で飲める
成人嚥下による取り込みや嚥下ができているかがポイントです。成人嚥下と乳児嚥下については48頁を参照してください。

🖐 サラサラな水分が飲める
むせがなく、スムーズに飲めているか確認しましょう。1回に50〜100ml程度とれているかがポイントです。1回の摂取量が少なかったり、飲み方が少ない場合は、BやCの対応を考える必要があるかもしれません。

● 嚥下力段階表

段階		具体的な状態（日常の姿）	目指す姿
A	さらさらの水分を飲む	●さらさらの水分をコップで飲んでいる	種類や必要な量を十分に摂取する
B	ゆるいとろみの水分を飲む	●とろみ剤でゆるいとろみをつけた水分をスプーンやコップで飲んでいる	とろみをなくしても必要な十分な量を摂取する
C	ペースト状の水分を飲む	●とろみ剤でとろみをつけた水分をスプーンで摂取している	とろみをゆるくしながらコップ飲みを練習する
D	哺乳瓶で水分を飲む（乳児嚥下）	●哺乳瓶でないと水分が多くとれない	哺乳瓶などで水分を十分にとりながらとろみの水分をスプーンでとるのを練習し移行する
E	どの形状でも誤嚥の疑いがある	●むせる（むせない場合もある） ●発熱が頻繁にある	嚥下の有無などを医師に確認してもらう

みきわめポイント

同じように嚥下しているように見えても、乳児嚥下と成人嚥下とでは口腔の動きが全く異なります。今飲めているものの形態から嚥下機能がどの程度発達しているかをみきわめていきます。

> **Point 成人嚥下と乳児嚥下**
>
> 　　　　　乳児嚥下は乳汁を飲む時の嚥下の仕方で、呼吸をしながら乳汁を口の中に取り込み、重力を利用して食道に送り込むものです。
> 　　　　　成人嚥下は食物を舌にのせ口を閉じて口蓋に押し付けながら後方に送り、嚥下反射を誘発し食道に送るもので、呼吸を一時停止して行います。

普通の食事を食べられるようになるためには成人嚥下ができるようになることが必要なので、少しずつ形態を変えながら、発達をうながすかかわりを実践しましょう。

以下の表は子どもが口にしている水分の形状からその嚥下の状態を推定するものです。あくまで目安となりますが、子どもの嚥下の状態を推し量ることができます。

●食べ物と発達

食べているものの材質	具体的な食材	推定段階
さらさらの水分を飲む	●お茶 ●水 ●ジュース	A
ゆるいとろみの水分を飲む	●とろみ剤でゆるいとろみをつけたもの ●飲むヨーグルト ●ポタージュスープ	B
ペースト状の水分を飲む	●とろみ剤でとろみをつけたもの ●ヨーグルト ●ベビーフード	C
哺乳瓶で水分を飲む（乳児嚥下）	●ミルク ●流動食	D
どの形状でも誤嚥の疑いがある		E

注意点 嚥下への対応をすすめる際、無理をして水分不足にならないように注意が必要です。新しい食形態に移行する際にも練習をつみ、十分に摂取できるようになってから入れかえていきましょう。発熱などの回数が多く、誤嚥の疑いがある場合は、医師と相談しながら慎重に行いましょう。

| 事例： **嚥下** | 2歳男児。水分制限があり、市販の流動食を注入している。医師からヨーグルト状であれば摂取していいと指示があるが、吸引しながら摂取している状態。 |

| 方針決定 | 医師の判断に従いながら、安全第一で対応する。 |

対応①：野菜のペーストに増粘剤を加え、ヨーグルト状にして提供する。

結果：ペーストの摂取は問題ないが、流動食注入による嘔吐が多くなる。

対応②：摂取栄養量を落とさないよう粉あめや栄養パウダーを市販の流動食に入れながら提供し、ペーストの提供を続ける。

結果：食事状況が安定し、医師よりたんぱく系の食材のペーストも少しずつ摂ってもいいと指示がでる。

対応③：軟らかく煮たものなどを家庭でつぶして食べ始める。のどに詰まらないように細かくするように伝え、飲みやすい形状の作り方を伝える。

結果：咀嚼の動きが少しみられるようになり、飲み込みやすく加工したものであれば食べられるようになる。

対応④：医師の指示で赤ちゃんせんべいを使った咀嚼練習を開始し、給食もつぶし食に変更する。

結果：食べられる食材が増え、改善傾向がみられる。

Point スプーンでとろみを飲めるようになってきたら、大きめのスプーンや蓮華などから飲む（すする）練習も必要です。コップのみのときは唇を閉じて飲むことになるので、唇の閉じが悪い場合はきちんと閉じて飲めるように指で少し唇の閉じの介助などを行うようにしましょう。

哺乳瓶では飲めていても、スプーンだと味がわかりうけつけないこともあるので、水分摂取量が増えるまでは好みの味のものを利用しましょう。

第2章
偏食改善マニュアル ❶ 子どもの状態を確認する

嚥下が原因の場合の対応方法

対応の基本

○どの形状であっても誤嚥の疑いがある場合（目安となる段階：E）

ねらい 必要な水分・栄養を確保することを優先します

対応 医師の指示に従います

発熱など誤嚥の疑いがある場合は医師の指示に従い、VF（嚥下造影検査）やVE（嚥下内視鏡検査）などで確認してもらう必要があります。

○哺乳瓶で水分を飲む場合（目安となる段階：D）

ねらい 哺乳瓶を使わず水分をとれるようにする

対応 哺乳瓶などからミルクを摂取する回数を減らし、スプーン摂取を練習します

水分・栄養の摂取量が減らないよう、とろみ剤でミルクにとろみをつけるといいでしょう。スプーン摂取の量が増えてきたら、哺乳瓶の使用頻度・量を減らし、置き換えていきます。

○サラサラな水分に調整する場合（目安となる段階：A・B・C）

ねらい コップでさまざまなものが飲めるようになる

対応 ①コップで飲めるよう練習します

スプーンで十分な量をスムーズに摂取できるようになってきたら、徐々にとろみを減らしていき、摂取がすすむようならコップ飲みを練習してきます。いきなりコップに挑戦するのが難しい場合はレンゲなど飲み口が広いものなどで練習します。

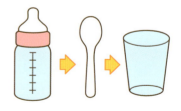

対応 ②味の薄い飲み物に慣れさせます

ある程度サラサラの水分を飲めるようになれば、嚥下に大きな問題はありません。摂取栄養量を調整するためにもジュースやミルクなど味のしっかりあるものではなく、水やお茶など味の薄いもので十分な水分をとれるよう練習していきましょう。

第2章 偏食改善マニュアル❶ 子どもの状態を確認する

コラム 体験してみよう③ 嚥下編

Case1 口を閉じないで飲んでみよう

普段あまり意識しない「口を閉じる」ことの意味を体験してみましょう。

① 普段通りに水を飲む
② 唇を少し開けた状態で水を飲む
③ ①②と同様に、ペースト状のものを飲む

　　二人組になり、唇を少し開けた状態で飲む人とその唇を指で閉じてあげる人に分かれ、介助の方法を検討することもできます。

Case2 とろみの違いを体験しよう

さまざまなとろみを実際に食べてみて、どういうものが食べやすいか探ってみましょう。

① 水を飲む
② さまざまな種類のとろみを実際に食べてみる

　　とろみはとろみ剤を使うことで簡単に調整することができます。
　➡とろみ剤については42ページ参照

51

感覚を確認する

　子どもたちはさまざまな感覚で目の前にある食材が食べられるものなのかどうか判断しています。感覚には好みのものと苦手なものがあり、好みの感覚のものであれば口にし、苦手な感覚は拒絶することが多いです。
　ここでは感覚を以下の6つにわけ、それぞれの感覚に課題をもつ子どもの典型的な状態像をもとに、具体的な対応方法を解説していきます。
　食べることを楽しいことと感じてもらうため、まずは、苦手な感覚のある食材は避け、好みの感覚のものにそろえ安心してもらうことが大切です。好みの感覚がするものを口にして心地よさを感じ、食べることが当たり前になったら、少しずつ苦手な感覚にもチャレンジしていきましょう。

> **Point**　好みの感覚を用意できる環境下であれば問題はないのですが、家や施設以外の場所ではなかなか難しいです。少しずつ苦手な感覚に慣れていくことで、家や施設以外の場所での活動も楽しむことができるようになります。

●感覚の説明

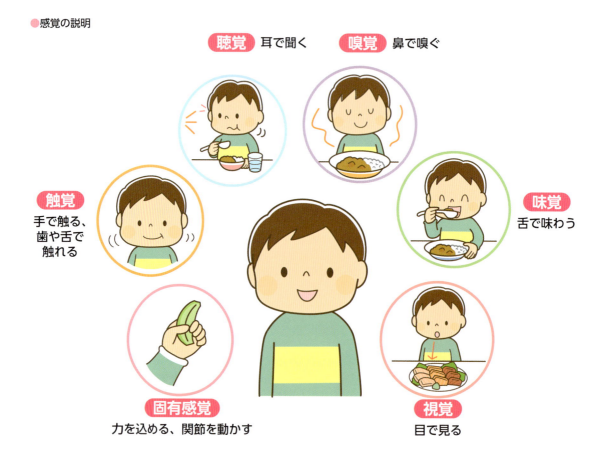

聴覚　耳で聞く
嗅覚　鼻で嗅ぐ
触覚　手で触る、歯や舌で触れる
味覚　舌で味わう
固有感覚　力を込める、関節を動かす
視覚　目で見る

● 感覚の課題と対応

課題のある項目	代表的な状態	対応
触　覚 （温度感覚を含む）	● 液体が苦手 ● 水分がとれない ● ねっとりしたものが苦手 ● スプーンを拒否する ● 手で食べることが多い ● 奥歯に当たる感覚が苦手 ● 好みの温度でないと飲んだり食べたりできない	対応の工夫 （54ページ）へ
固有感覚	● 軟らかいものを食べない ● 硬いものしか食べない ● 揚げたものやカリカリしたものなら食べる	対応の工夫 （58ページ）へ
聴　覚	● 賑やかだと落ち着いて食べられない ● 泣き声が苦手	対応の工夫 （60ページ）へ
嗅　覚	● 苦手な匂いがすると食べられない ● 苦手な匂いがすると部屋に入れない	対応の工夫 （62ページ）へ
味　覚	● お茶や水が飲めない ● お茶や水しか飲めない ● 味が薄いと食べられない ● 同じ味だと食べられる ● 特定の味が食べられない	対応の工夫 （64ページ）へ
視　覚	● 繊切り状だと食べられる ● フレーク、そぼろ状だと食べられる ● 気になるものが見えると落ち着いて食べられない ● 哺乳瓶でないと飲めない ● コップで飲めない ● 同じ食器でないと食べられない ● 同じ包装でないと食べられない（飲めない） ● 同じものしか食べられない ● 見た目がかわると食べられない ● 緑のものは食べない	対応の工夫 （68ページ）へ

1 触覚

　発達障害の子どもには、触覚の過敏性がよく見られます。さまざまな食材を触ることが苦手で、べたべたするものを触るのを嫌がったり、道具も握りこめず、軽くしか持てない、口腔内に当たるところが嫌な部分があったり、介助しようとしても人に触られるのが嫌という子どももいます。また、視覚的に見てもそれが何かわからない状態で、触覚で判断している場合も多いです。どの部分で判断しているか、どういうときに口に入れ、どういうときにやめるかなど言語などで意思表示できないことも多いので、子どもの様子を観察し、対応法をさぐっていきましょう。

| 事例：触覚 | 自閉症の3歳男児。ごはんと魚の揚げ物、麺類、スナック菓子ぐらいしか口にせず、哺乳瓶でミルクを飲んでいる。 |

| 方針決定 | まずは好みの感覚に合わせ、徐々に広げていく。 |

対応①：食べることができる魚のフライと一緒に、給食に入っている食材を揚げたものを別に用意し、提供する。

結果：揚げたものを触ってみて硬さが好みのものだと口にするが、少し軟らかくなると手から離したり、持ったり落としたりを繰り返す。食べたい様子はあるが食べられない。

対応②：ミルクの量とスナック菓子を減らし、おなかをすかせた状態で食事を提供する。

結果：同じように食材を触っているが、感触が気に入らなくても口にするようになる。

対応③：揚げ方を弱くし、徐々に提供する食材を軟らかくする。

結果：ある程度軟らかい状態でも食べられるようになり、硬く焼いたものなども食べられるようになる。

対応④：揚げたものや焼いたものの作り方を家庭にも伝え、家でも作って提供してもらう。

結果：完食まではいかないが、一部の普通食を食べられるようになる。

感覚的に濡れることなどが苦手

子どもの姿 ▶ 味噌汁やスープなどの汁物、煮汁に浸した煮物などが食べられません。

まず濡れる感覚に慣れていく必要があります。日々の生活でしっとりしたものを触ったり、濡れたりする経験を楽しいと思う機会をつくることで液体になれることも有効です。

例 水遊び、花に水をあげる、泥遊び、スライムなど

- 食事の提供に際して、汁物などは汁と具材の皿を分けて提供し、ある程度慣れてきたら、気に入った味の汁物をスプーンなどで少量なめるなど、口に入れる液体の量を徐々に増やしていきます。
- 好きな具材であれば多少濡れていても口にできることが多いので、まずはそこから試してみましょう。

Point 子どもの発達の程度にもよりますが、なめるときに「ぺろっとして」と声をかける、今何さじ目か数える、何さじ目か絵に描いて示すなどすることで励みになることがあります。

唇にものが当たるのが苦手

子どもの姿 ▶ コップや食器が唇にあたるのを嫌がることがあります。

- 飲み物の場合、ストローのほうが口にあたる面積が少なく、飲みやすいことがあるので試してみてください。
- 普段の生活の中でシャボン玉遊びなど、唇にものが触れる遊びを取り入れていき、その感覚に慣れさせることも有効です。

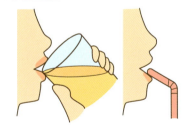

ねっとりしたものが苦手

子どもの姿 ▶ カレーのような形状のものが食べられない子どもがいます。

- ねっとりした感覚を極力感じないように、春巻きの皮などに薄くルーを塗ったものを揚げて提供します。食べられるようになってきたら、徐々にルーの量を増やしていきます。
- 甘いものが好みであれば、ヨーグルトやクリームのようなデザートから慣らしていくことができます。果物が好きであれば、果物の横にクリームをおき、少しクリームがついた状態で果物を食べるときっかけになることがあります。

スプーンの素材が苦手

子どもの姿 ▶ スプーンを使わせようとしても嫌がる子どもがいます。

- おもちゃなどが口にあたるのは苦手ではないのに、特にスプーンを嫌がる場合は、スプーンの素材が苦手な場合が多いです。金属が苦手なことが多く、その場合はシリコンやプラスチック、木製などに変えてみます。
- 認知が高い場合は、金属でも好きなキャラクターが描かれたものなどで慣らすことも可能な場合があるので検討しましょう。

手で触った感触で食べる・食べないを決めている

子どもの姿 ▶ 食材を口に運ぶ前に一度手で触っています。

手づかみで食べている場合、手で触った触覚で食べる・食べないを判断している子どもがいます。

- 年齢相応に道具を使うようにうながされると、食べられるかどうか判断することが難しくなってしまい、食がすすまなくなるおそれがあります。そのため、偏食が改善するまでは手で食べることを了承したほうがいいと思われます。
- 同じように手で食べる場合でも、特に偏食もなく、単に道具操作が苦手で、手で食べるほうが早いためつい手がでてしまうような子どももいます。その場合は、道具を使う指導を行っていきます。

> **Point** 道具を使って食べる練習は、子どもが好きな食べ物を食べるときに行うと効果的です。

奥歯にあたる感覚が苦手

子どもの姿 ▶ 前歯だけを使って噛んでいるようです。

前歯で噛んで食材の大きさを細かくし、奥歯で噛まずに食べている場合があります。奥歯にあてにくい、硬さによってあてるあてないを変えている場合もあります。

- 子どもが自分で奥歯にあてているような食材を多くしカミカミなど声をかけて上手に噛めていることを伝えていくか、ガーゼなどで咀嚼練習を行います。
- 噛みにくいと口からだしてしまったり、手で持って前歯で噛みちぎってしまう場合もあるので、子どもの手を軽くおさえて歯にあてて噛むことを伝えていくと噛めるようになることもあります。

温度によって食べたり、飲んだりする

子どもの姿 ▶ おかずが少しでも冷めると食べなくなってしまいます。

温かくないと食べられなかったり、冷たくないと飲めないなど、特定の温度のものを好む子どもがいます。

- まずは子どもの好みにあわせ、温度を調節して提供します。その後、温め方や冷やし方を徐々に弱めていきましょう。また、味の濃いものを減らすことも有効です。
- 食べる量を調整してお腹をすかせることも必要です。

> **Point** 温度にこだわる子どもは、味にもこだわりをもつことが多いので、味覚への対応も併行してすすめていきましょう（味覚：64ページ参照）。

2 固有感覚

　発達障害の子どもには、固有感覚に極端な固執がみられることがあります。自分で刺激を入れたり、揚げ物やポテトやスナック菓子のようなカリカリとした食感のものを好み、もち、ゼリー、練り製品など軟らかい食感のものが苦手なことが多いです。硬い食感から少しずつ苦手な食感に近づけると受け入れられ、受け入れられる幅が広くなっていくことが多いです。

事例：固有感覚	自閉症の4歳男児。食べられるものはごはん、からあげ、ポテト、フライ、うどん、パン程度の状態。

方針決定	口腔感覚対応食（98ページ参照）を活用して好みの感覚を広げる。

対応①：食事と一緒に口腔感覚対応食（カリカリ）を大きなお皿に入れて一緒に提供する。

結果：気に入ったカリカリを選んで食べるようになり、食材が広がる。

対応②：家庭で食べる食事量を減らしてもらって空腹感をもたせ、普段食べているパンを菓子パンから食パンにするなど、味の薄いものに変更してもらう。

結果：大きな皿に盛ったカリカリを食べきった後、普通食を細く加工したものを提供すると少しずつ食べるようになる。

対応③：普通食でも食べられるようになった食材はカリカリでの提供を減らし、園で食べられたものを家庭でも出してもらう。

結果：普通食を完食するときもみられるようになる。一方で家庭での食事量が増え、給食の進みが悪い日もでてくるようになる。

対応④：家庭での食事量が多くなりすぎないよう家庭と協力し、カリカリの提供をやめる。

結果：安定して食事を完食できるようになる。

軟らかいものの食感が嫌い・噛みにくい

子どもの姿 ▶ 軟らかいものは咀嚼の反応がしにくく、噛みにくいようです。

- 食材を揚げて提供し、食べたときにしっかりと刺激が入るようにしてあげましょう。はじめは食材を薄くし、衣をしっかりつけて揚げたものから始め、徐々に食材を厚く、衣を薄くしていきます。
- 認知が高い場合、はじめは小さめのものを噛むことを伝えながら食べさせ、だんだん大きくしていくと、慣れが早くなることもあります。

Point 硬さは調理方法で調整できます（98ページ）。子どもにあった硬さを用意し、そこを基準に少しずつほかの硬さのものに挑戦してみましょう。

サクサク、カリカリしたものなら食べられる

子どもの姿 ▶ ポテトチップスやスナック菓子などサクサク、カリカリしたものしか食べられません。

- 揚げものしか食べない場合、苦手なものは揚げて提供します。食べにくい場合は食材を小さくし、徐々に大きくしていきます。食べ慣れてきたら、横に同じ食材を硬めに焼いたものを並べて示します。
- 市販のポテトチップスやスナック菓子の代わりに、ジャガイモの揚げ物を自作し、お菓子と一緒に置いたり、食事のときに並べたりすると、手が伸びることがあります。
- 揚げものから始める場合は　揚げる→焼く→煮る　と段階を踏んで提供していきましょう。

Point フライ状のもののほうが食べやすいようであれば、パン粉をつけて揚げたものから始め、食べ慣れたらパン粉のついていない唐揚げ状のものを提供し、手が出るようになれば徐々にパン粉は減らしていきましょう。

3 聴覚

　発達障害のある子どもの中には、泣き声や金属音など特定の鋭い音や強い音、集団の騒然とした音などに対して、強い不安行動を示す場合があります。家庭では食べられていても、集団生活になるとほかの子どもが泣いたり、話したりする声が多いと、必要な音だけを拾えない子どもにとっては、雑音がひどく食事に集中できない場合もあります。状態に合わせながら集団生活に適応できる支援を行う必要があります。

| 事例：聴覚 | 自閉症の3歳女児。食事はご飯、ハッシュドビーフ、肉じゃがを食べている。クラスの部屋で食べることができず、部屋を別にすると食べ始める状態。 |

| 方針決定 | 聴覚に配慮した食事環境を設定し、徐々に音刺激に慣れる。 |

対応①：初めは別の部屋で食べさせ、徐々にほかの子どもたちに近い場所で食べさせるようにする。

結果：初めは別室でしか食べられなかったが、クラスの部屋に廊下などを使いながら慣らしていき、教室の近いところで食べられるようになった。

対応②：同じ教室内の子どもと離れた場所に、パーテーションで区切った場所を用意し、そこで食事をさせる。

結果：パーテーションがない状態でも皆からから少し離れた場所であれば食べられるようになり、少しずつ皆の方を見て食べるようになる。

※途中、兄弟が生まれ、家でも泣き声を聞く機会が増えたため、音に影響されにくくなったことも関係すると思われます。

にぎやかな場所が苦手

子どもの姿 ▶ 大人数で食事をすると、周囲の音に反応して食事に集中できていない子どもがいます。

- 子どもが安心して食事ができる環境を用意します。大人数だと全く食べることができない場合は静かな別室で食事を提供するようにします。別室でしっかり食べられるようになってから、ほかの子どもと同じ部屋の少し離れた場所で食べさせるなど、徐々に近づけていきます。

- ほかの子どもより早く食事を始めるようにすると、後からほかの子どもが食べ始め周囲がうるさくなっても気にせず落ちついて食べられる場合もあります。

- 言葉の理解ができる子どもであれば、音の原因を説明すると気持ちを切り替えて食事に向かってくれることがあります。例えば泣き声に反応する子どもの場合、「○○ちゃん泣いているね」「何が嫌だったのかな」などと声をかけてあげるといい場合もあります。

 注意点 対応を実施しても音に慣れることが難しい様子であれば、イヤーマフの使用も検討してください。

4 嗅覚

　発達障害のある子どもの中には、食事が全くとれなくなるほど極端に苦手な匂いがあったり、一般的には気がつかない程度の匂いに気づき、食事がとれなくなる場合があります。家庭では提供されないメニューも集団生活で提供されることもあり、経験のない匂いに接する際には注意が必要です。匂いがする料理が食べられない場合とその匂いが広がると部屋にさえ入れない場合もあり、幼児の場合は当該食材の除去や別部屋などの対応をしている場合もありますが、就学後は対応が難しい場合もあります。幼児の間に少しずつ慣らしていくと大丈夫になることも多いので、避けるのではなく、慣らす支援を行っていきましょう。

事例：聴覚	自閉症の4歳女児。給食をほぼ食べられるようになっていたが、家で食べる機会がなかった魚介類が給食に入った時に嘔気をもよおすようになってきた。親戚に預けられる機会が増えたことで、間食の量が増えている。

方針決定	少しずつ魚に慣れさせ、食生活を改善する。

対応①：家庭でも魚の少し入っているふりかけをかけてもらったり、給食でも魚のフライなどを提供してもらう。

結果：多少は慣れたものの、食べるまでには至らず、食べたいものを泣いて要求している。

対応②：家庭での間食の量・時間を決めてもらい、子どもが食べたいときに泣いて要求しても与えないようにしてもらう。

結果：すこしずつ魚が入った料理にも手が伸びるようになる。

対応③：食べられる食材が増えたら、課題となっている部分の支援を始める。給食に毎食揚げた魚をだすようにし、食べられるようになったら焼き魚、煮魚と苦手な料理にしていく。家でも揚げた魚をだすようにしてもらう。

結果：魚介の料理の時も気にしないで食べられるようになる。

苦手な匂いがすると食べられない

子どもの姿 ▶ 魚の匂いが苦手など、特定の食材のにおいがすると食べられない。

- 調理後に匂いの苦手な食材を取り除けば食べられる場合、できるだけその食材を一緒に調理し、調理後に食材を取り除いて提供します。食べ慣れてきたら、少しずつ苦手な食材を残したまま提供しましょう。

- 匂いが苦手な食材を一緒に調理したものが食べられない場合は、調理段階でその食材を取り除く必要があります。

- 少しでも苦手な食材を提供することが難しい場合、例えば魚のにおいが苦手な場合は魚介出汁や練り製品など、元の食材に近いものを毎日つけるところから始めていきましょう。

- 匂いがすると部屋に入ることも難しい場合は、ひとまず食事場所を別室に移します。
- 家庭でも食べているもので苦手な匂いのものに近いものを探し、その調理法や食材を参考にして少しずつ匂いに慣れさせていきましょう。用意が難しい場合は、苦手な匂いをうすめたものを近くに置き、慣らしていきます。

5 味覚

　味については、味を感じすぎるため味の薄い物でないと食べられない場合と、味覚が鈍麻なため味が濃くないと食べにくい場合があります。また見た目から料理の味が予測できない場合に、特定の味付けや同じメニューだけを好む場合があります。味覚は、食生活全般を見直さなければ、改善されても元に戻ってしまうことが多く、また急激に変化させると全く食べられなくなってしまうこともあるので、少しずつ変化させ、家庭を含めた食生活全体の状態を整えていく必要があります。

事例：味覚	自閉症の4歳男児。ふりかけごはん、肉の繊切り、魚、ハンバーグ、揚げ物を食べ、形状が細いものと煮物の味を好んでいる。食材を少しずつ食べ、少し多いと口からだしてしまう。

方針決定	好みの味を利用して食べられる食材を広げ、徐々にその味に頼らず食べられるようにする。

対応①：給食食材をきんぴら状とカリカリにして提供する。パンは少し硬く焼いて提供する。

結果：食べ慣れない食材にも手が伸びるようになる。

対応②：赤・黄・緑を家庭でそろえてもらい、同じものばかり食べさせないようにさまざまな食材にチャレンジする。

結果：カリカリなどの口腔感覚対応食を完食するようになる。

対応③：主菜、人参、いも、かぼちゃ、きゅうりなどにドレッシングをかけ味を濃くして提供し、食べ慣れるようにする。

結果：普通食も口に入れたり出したりしながらほとんど食べるようになる。

対応④：口腔感覚対応食を減らしながら、ドレッシングの量も控えていく。

結果：普通食だけで食べられるようになる。

味がないと飲めない

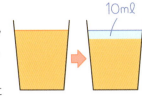

　ミルク、牛乳、ジュース、汁物などを主体に水分をとっていると、味がしない水分をとれないことが多いです。香りが独特なものを飲んでいる場合、それと同じ香りがしないと飲めなくなることもあります。
　現在飲んでいる水分を10ml単位で水と差し替えていきます。一回飲めたからといってすぐに薄くするのではなく、抵抗なく飲めるようになってからさらに10mlずつ差し替えていきます。早くても月単位でとりかかる対応と考えてください。また、他の食事についても、甘みや味を薄くしていかないと限界があったり、戻ってしまうので食生活の改善も大切です。水分は摂取できないと健康上問題になるので、拒絶にならないように不安にならないよう注意してください。

> **Point** 液体の状態で市販されている飲み物は味や色が常に同じ状態であるため、同じ市販品ばかり飲み続けていると、その市販品しか口にできない状態になる可能性があります。パックで沸かしたお茶など家庭で作るものは作るたびに味や色が微妙に変化するため、こだわりが生じる可能性が低く、おすすめです。

さまざま味で不安

　私達はなにか飲むときに、その味を予測しながら飲んでいますが、子どもの場合、大人がさまざまなものをコップに入れるため、ときに自分が思っていなかった味がしてびっくりしてしまい、敬遠することがあります。
　種類を増やしたい場合、いま飲めているものは決まった容器に入れてわかりやすくします。新しい飲みものを試す場合は、食事の好みに近いものから始めます。最初は食事の時などに、少しなめる程度から始めます。「ミルクだよ」など名前を伝えていきます。
　できれば量がとれるまで、なるべく同じもので増やします。少しでも口に入れればほめるようにして増やしていきます。

味を強く感じてしまって飲めない

　味覚を強く感じでしまい、お茶や水以外不安でとれない場合もあります。
　水にかすかに味がついたかつかないかというようなレベルまで薄めたものを用意し、なれたら徐々に濃くしていきます。提供する量はなめる程度からはじめ、徐々に多くするようにします。少量でも苦手な味のものは、口に入れたときの表情をみながら、ゆっくりすすめましょう。できれば今飲めているものを参考に、苦手意識が少ないものからすすめるほうがいいです。

牛乳が飲めない

牛乳が苦手な場合、白いものを敬遠してしまう場合があります。

お茶や水を飲むときに使うものとは違うものだとわかりやすいコップを用意し、水に牛乳を少量入れて提供していきます。違和感なく飲めるようになったら、さらに少し牛乳を足します。1か月単位ぐらいで、5mlや10mlずつ差し替えていきます。

お茶しか飲めない場合は、紅茶に少しずつ入れていく場合もあります。
白いものがどうしても苦手な場合は、市販の清涼飲料など別の白い飲み物を利用し、ならしていきます。

白いごはんが食べられない

白いご飯が食べられない子どもは、ふりかけご飯や納豆ご飯、麺類、パン、カレー、丼物、焼き飯など味の濃いものを食べていることが多く、味覚が鈍麻なことが多いです。

- 味の濃い主食の回数を減らし、おかずと主食を分けて提供します。ご飯はふりかけごはんとして提供し、少しずつふりかけの量を減らしていきます。
- 肉や野菜もごはんと別に提供すると食べないためにカレーや炒飯にして提供していることも多いと思われます。具とご飯とを分けることが難しい場合、ほかのおかずを用意して、カレーなどで食べる量を少しずつ減らしていきましょう。

味の薄い料理が苦手で濃くすると食べる

味の濃い料理を好んで食べていると、汁物具や和え物、酢の物などの味の薄い料理を食べられないことが多いです。

表のように感覚的に弱い料理を多くしていき、苦手な料理も好みの調味料を付けながら食べるようにしていきましょう。

感覚的に強い
- カレー ● のりやふりかけごはん
- 菓子パン ● トースト ● ホットケーキ ● ピザ
- インスタントラーメン ● 焼きそば ● お好み焼き ● ラーメン
- 揚げた肉 ● 煮物の肉 ● ウインナー ● ベーコン
- 揚げた魚 ● 刺身 ● 干した魚 ● 煮魚
- 薄焼き卵 ● よく焼いた卵焼き
- マーボー豆腐 ● 揚豆腐 ● 冷奴(醤油)
- きんぴら ● ドレッシングをかけたサラダ
- 煮物野菜 ● 野菜ジュース
- チーズ ● ジュース
- 果物のジュース ● 果物のゼリー
- 炭酸 ● 牛乳 ● ジュース ● ペットボトルのお茶 ● 冷たいもの ● 熱いもの
- ポテトチップス ● スナック菓子 ● あめ ● グミ ● チョコ
- 甘味・塩気の強いもの

→

感覚的に弱い
- 白いご飯
- 食パン(焼かない) ● ロールパン
- うどん ● 味の薄いスパゲティ
- 味の薄い炒めた肉 ● 汁物に入った肉
- 焼いた魚 ● 薄味に煮た魚
- 厚焼き玉子 ● ゆで卵・かきたま汁
- 汁物に入った豆腐 ● 薄く煮た豆腐
- 汁物に入った野菜 ● 塩コショウの炒め物 ● あえもの
- ヨーグルト ● 牛乳
- 生の果物
- お茶 ● 水
- 味の薄い、硬くないもの

煮物だと食べられる

料理で味が変わることに不安のある子どもは、煮物だと安心して食べることもあります。

その日のメニューに含まれている苦手な食材を、好きな食材の煮物の中に、1つずつ入れてみましょう。好きな食材が多すぎると、食べられない食材まで手が伸びないので、多くならないように注意してください。

苦手な食材を口にできたら、食材の名前を教え、みんなと同じメニューにある食材と同じものだと伝えます。これを口にする、繰り返すことにより、煮物でなくても食べられるようになっていきます。

味噌汁だと食べられる

小さい頃から見慣れていると味もわかりやすく、素材も色が変わらずわかりやすいため、味噌汁だと食べられる子どもも多いです。煮物と同じ要領で、その日の食材を1つずつ味噌汁の中に入れてみましょう。好きなものから順に食べて、口にでき、他の料理と結びつけると食べられるようになることが多いです。

好みの調味料をかけると食べる

味の変化に不安をもっていて食べにくい子どもで、好みの調味料がある場合は、その調味料を食べない食材に少しつけると味のイメージができるため、手が出る場合もあります。

洋風、和風が合わない場合もありますが、つけていき、口に入れられた時に食材名などを教え、食材を覚えると調味料をかけなくても食べられるようになることが多いです。

味が濃くなりすぎないように、食べられる食材は味の薄い料理にしていきます。食べられない食材は調味料で味を濃くするようにし、食材を覚えたら徐々に薄めていくことに気をつけましょう。

酸っぱい味が苦手

煮物や汁物の野菜は食べられても、酢の物、サラダの酸味や果物の酸味が苦手な場合も多いです。

しょうゆ味に慣れていることが多いので、しょうゆ味のドレッシングから慣らすと、酸味もあるものでも食べられるようになることが多いです。果物は果汁を絞ってなめることから始めましょう。

マヨネーズ味が苦手

マヨネーズをつけるのが好きな子どももいますが、混ぜ合わせると食材が白濁しわかりにくくなることや酸味から苦手なことが多いです。

しょうゆドレッシングなどがとれるようになったら、マヨネーズであえたサラダに、少し好みのドレッシングなどを目の前でかけ、食べられたらかける量を減らしていくと、マヨネーズ味も食べられるようになります。

6 視覚

発達障害のある子どもの中には、視覚情報だけで食材を判断する子どももいます。料理や食材を名前ではなく見た目で覚えていることが多く、盛りつける食器やメーカーごとの包装の違いなど、少しの変化で同じものに見えにくくなり、違うものではないかと不安になってしまいます。

料理による形状の変化や食材の調理前の状態を覚えたり、少しお腹をすかせると見た目を気にしなくなることがあるので、食べる量を調整しながら、食べたものが何か覚えられるような支援が必要です。

事例： 視覚	自閉症の3歳女児。麺とパンを好み、焼きそば、ハンバーグ、卵焼きなど見てわかるメニューであれば食べる。家では食事の時間に食べないとあとであげていたり、父親がお菓子などをあげてしまっている。

方針決定	家庭での食事状況を改善しつつ、見てわかるメニューに近いものを作り食べ慣れる。

対応①：父親と面談してお菓子をあげる回数を1日1回にしてもらい、あげる時間も15時ごろと決めて、お菓子の量を減らす。

結果：食事時間のご飯の進みがよくなる。

対応②：食事時間以外での食事の提供を控えてもらい、食事時間に少しでも食べたらほめるようにしていく。並行して口腔感覚対応食も勧める。

結果：食事量が増え、繊切りにした野菜を食べることができるようになり、むら食いが減っていく。

対応③：継続して支援を行い、「これ食べてみようか」などと声掛けをする。

結果：声掛けに応じて口をあけるようになり、おいしいと自分で食べるようになる。口腔感覚対応食が必要なくなり、外食もできるようになる。

同じ形だと食べられる

子どもの姿 ▶ 食材を覚えにくく形状で判断している子どもがいます。

この状態の多くは認知力が1歳台のことが多く、食材を覚えたり、認識することが難しく咀嚼も弱いことが多いです。食材の種類ではなく形状を見て噛みやすいかどうか判断していると思われます。

- 好きな形状の中に食べたことのない食材を同じ形状にして入れていき（せん切り状だと食べられる場合、ひじきに人参、春雨に玉葱、糸こんにゃく）、口にできた時に、給食で使われている形状の同じ食材を横に置くと、同じものと理解して食べられるようになることが多いです。

Point 場所が変わっても安心できるよう、家庭で食べているメニューに近いものを作って提供しましょう。例えば鮭フレークの場合、鮭フレークのおかわりを求められたとき、代わりに焼き鮭のほぐしたものを置いてみます。食べられるようになったら、焼き鮭の半分はほぐさないようにし、子どもの目の前でほぐすようにしていくと切り身の鮭を食べられるようになります（空腹をつくらないと難しい）。そぼろやミートソースは、ハンバーグを作って目の前で半分ほぐし、なれたら、肉も刻んだものと刻む前を置くと変化がわかり、元の形状のものを食らべれるようになります。

気になるものが見えると落ち着いて食べられない

子どもの姿 ▶ 食事をする部屋に目につくものがあると、食事に集中できずウロウロしてしまうことがあります。

- 気になりそうなものは、布などで隠すなど工夫しましょう。友達などが気になり食事ができない場合は、つい立てなどを用意してください。集中できない状態になりやすい原因としては、①お腹がすいていない、②家庭でウロウロしながら食べる習慣がある、などが考えられます。
- 食事時間の長さを決め、時間になったら片づけるなど、少しずつ食事時間を短くしていくと刺激に左右されず集中して食事ができるようになることが多いです。

哺乳瓶でないと飲めない

離乳食の際に食べることに不安を感じ、離乳食がすすまず、食事は哺乳瓶でとるものと思っている場合があり、身体や認知的に大きな問題がない場合でも哺乳瓶で飲むことが続いてしまうことがあります。

他に食べられる食材が少ないことが多いため、哺乳瓶で飲むことに不安を与えて飲めなくなると、栄養や水分が全くとれなくなって、経鼻栄養になってしまうケースもあるので展開には注意が必要です。哺乳瓶での栄養は継続し、それにかわる栄養がとれる方法が確立してから哺乳瓶の栄養を減らすようにすることが大切です。哺乳瓶で飲んでいても、コップやスプーンで飲んだときの味の感じ方は違うことが多いので、口腔機能の問題（28ページ）、味覚（64ページ）、触覚の問題（54ページ）を参考にしながら飲むものを検討し、形態についても検討しましょう。

食具につけてなめる、または、介助者、本人の指などにつけながらなめることからはじめ、安定したらあまり食材は変えずに継続し、量を増やす方法を検討してしていきます。

コップで飲めない

子どもの姿 ▶ 飲み物をコップに移すとそれが何かわからなくなり、不安なためパックからしか飲めない子どもがいます。

- 子どもの目の前で、パック容器からコップに少し入れて提供します（コップから飲むのが難しいようなら、少し指やストローなどで口につける）。この手順で、コップのものを口にしてから、パックから飲むことを繰り返すようにし、徐々にコップに入れる量を多くしていきます。慣れたら子どもの見えないところでパックからコップに移し替えてから持ってくるようにします。

同じ食器でないと食べられない

子どもの姿 ▶ 同じ料理を普段と異なる皿で提供したら食べてくれませんでした。

- まずは、慣れた食器などを利用し安心しながら、他の食器も見慣れさせて、いい印象をもたせることが大切です。給食で家庭と似た料理を用意しても食べないときは、家の食器を持ってきてもらい、給食も家と同じ状態で食べさせます。
- しばらく継続し慣れてきたら、おかわりを別の食器に入れて提供します。おかわりを給食の食器から、家の食器に移し替えるところを子どもに見てもらいながら食べさせます。慣れてくると、別の食器に盛ってあっても同じものだとわかり、園の食器も見慣れるので給食の食器から食べられるようになることが多いです。

Point 家庭では同じ食器ばかり使用せず、さまざまな食器をランダムに使うことも練習していきましょう。

同じ容器でないと飲めない

　施設にいると水分が充分にとれない場合、味や温度の問題でなければ、家庭で使っているコップや水筒など決まった容器でないととれない状態である場合があります。
- 家で飲んでいる飲み物と容器を持ってきてもらい様子をみましょう。家と同じ容器を使えば安心して飲めるようであれば、園のお茶などもその容器に入れるなどして慣れさせていきます。園のお茶などになれ、介助の先生と信頼関係ができてきたら、園のコップを使ってお茶に口をつけさせてみます。量が増えるまでは、家の容器のお茶を飲むようにしばらく続けます（園のコップから家の容器に移す様子を見せて飲ませるのでもいい）。園のコップのお茶になれてきたら少しずつ量を多くしていき、もう一方のお茶は量を減らしていきます。

> **Point** 家庭での水のとり方に関連して、机の上に飲み物が常時出してあって本人が飲みたい時に少しずつ飲んでいるような状況の子どもが多いです。集団生活では決まった時間にまとまった量の水分をとることが多いので個別に対応できないことが多いです。家庭でも飲む時間を決めて一度に一定量の水分が飲めるように練習する必要があります。

同じメーカーの既製品でないと食べられない

子どもの姿 ▶ 同じメーカーのものにこだわりがあり、メーカーが変わったり、調理加工したものが苦手なようです。

- 本人の目の前で、食器に移して食べてもらいます。これを繰り返し、食器に盛ったものを食べることに慣れてきたら、子どもの見えないところで盛り付けるようにしていきます。この場合は、食器はなるべく同じものにしておきます。
- 慣れたら、盛り付けていたものを少し減らし、違うメーカーのものを別皿で、横に置き続けます。置き続けると、見慣れ、お腹がすいたときに手が出るようになり別のメーカーのものも食べられるようになります。

同じものしか食べられない

　以前は食べていたが、毎食これしか食べなくなったと1品を毎食繰り返し食べている場合があります。
　子どもはできるだけ一番好きなものでお腹を満たしたいので、食べられるからといって同じものばかり提供するとそれだけでお膳がいっぱいになってしまいます。

食べているものを2割程度減らし、その代わりに食べたりたべなかったりするものをつけるようにすると食べられる種類が増えていきます。また、好んで食べているものを少し減らし、別の食材の種類を少しずつ増やしていき、慣れたらつけるものをランダムにしていくと更に食べられる種類を増やせます。本人が欲しがるままにおかわりをあげず、なくなったことを伝えていくことが重要です。

▍見た目がかわると食べられない

　炊き込みごはんが食べられない。
　炊き込みごはんは、見た目の差からごはんと違うものであると思っていることが多く、味が違うが同じものだとわかると食べられることが多いです。認知の高い子どもは、かけひきができるようになったら、炊き込みごはんを1粒〜1口たべて、白いご飯を食べるようにし、同じご飯だよと教えていくと具をよけながら食べられるようになり、だんだんよけなくなっていきます。かけひきのできない子は、白ご飯の端にわから

ないぐらい少量炊き込みごはんの米の部分を置いてみて、気が付かなければ、徐々に置く量を増やしていきます。よけながら食べる場合であっても置き続けます。野菜などは他の料理で食べられるようになったり、よけながらでも食べるようなら入れていきます（お腹を空かせて行うこと）。

▍調味料で色が変わると食べられない

　食べられる食材も調味料の色で、色が変わるため同じものにみえなくなり食べられなくなることも多いです。
　しょうゆをかけると茶色になり、マヨネーズは白濁し、元の食材がわかりにくくなることもあります。好みの味付けでわかりやすい状態のものを用意し、食べた後に給食の食材が同じものであることを伝えていきましょう。別の料理を用意できないときは、マヨネーズをとる、洗うなどして調味料をおとすと食べることもあります。完全にとりのぞかず、軽くとるようにしても同じものとわかり、食べられるようになることも多いです。

▍緑のものを食べられない

　離乳食のころに緑のものが食べづらかった経験から、緑の野菜を避けるようになっていることが多いように思います。
　緑のものが食べやすく、おいしいというイメージがもてることが必要なので、緑の野菜をカリカリに揚げた物を提供するようにします。緑のものは歯切れがよく食べやすいイメージをもつことができれば、食べられるようになることも多いです。

第3章

偏食改善マニュアル❷特別な食事を用意する

　偏食を改善するためには、食べてもらえる食事が必要です。本章で紹介するさまざまな食事を提供しながら、どのようなとき食事がすすみ、また進まないか子どもたちの様子を見て工夫を行い、食べられたら、みんなと同じものが食べられるようにステップアップするものを用意しましょう。

口腔機能への対応──嚥下調整食

1 嚥下調整食とは

嚥下調整食は咀嚼や飲み込みに課題がみられる場合に、その子どもの口腔機能レベルに合わせて摂食しやすいように形態などを調整した食事のことを言います。主に嚥下等機能の低下がみられる高齢者のための食事として知られていますが、同様に機能が未成熟な子どものためにも活用することができます。

現在さまざまな規格の嚥下調整食が活用されており、子どもの状態に合わせて次のような食形態を提供しています。

各食形態の基本の作り方とポイント　嚥下調整食には流動食・ペースト食・つぶし食・軟固形食・スティック食・口腔感覚対応食などがあり、下のような子どもの口腔機能の状態に合わせて提供しています。

- 口唇を閉じて飲む
- 上唇の形変わらず下唇が内側に入る
- 口角があまり動かない
- 口唇閉じて飲み込む

舌の前後運動
- 舌の前後運動にあごの連動運動

ペースト食　咀しゃく月齢の見方──離乳初期
パクパクごっくん口唇食べ期（5～6ヶ月）

- 左右同時に伸縮
- 上下唇がしっかり閉じて薄く見える
- 左右の口角が同時に伸縮する

舌の上下運動
- 数回もぐもぐして舌で押しつぶし咀しゃくする

つぶし食　咀しゃく月齢の見方──離乳中期
もぐもぐ舌食べ期（7～8ヶ月）

ユニバーサルデザインフード	学会分類2013	スマイルケア食	発達期摂食嚥下障害児（者）のための嚥下調整食分類2018	注意事項
かまなくてよい	嚥下調整食2-1		まとまりペースト	ざらつきや粘りがない飲みやすい形態で食べるのを好きにする
舌でつぶせる	嚥下調整食2-2 嚥下調整食3	スマイルケア食2 スマイルケア食3	ムース まとまりマッシュ	自分でたべて舌でつぶれるか飲みやすいか確認。硬い物を飲むと丸呑みになるので注意
歯茎でつぶせる 容易に嚙める	嚥下調整食4	スマイルケア食4	軟菜 まとまりマッシュ	舌が左右に動いて歯に食べものを運ぶ動きが出始めたらすすめる
容易に嚙める	嚥下調整食4	スマイルケア食5	軟菜	嚙む回数が少なくて小さくなっていないと丸呑みや偏食になるので注意

軟固形食　咀しゃく月齢の見方──離乳後期
かみかみ歯ぐき食べ期（9～11ヶ月）

- 上下唇がねじれながら協調する
- 咀しゃく側の口角が縮む（偏側に交互に伸縮）

偏側に交互に伸縮
舌の左右運動
- 舌の左右運動（咀しゃく運動）

スティック食

普通食

嚥下調整食のポイント

苦手と好みを考えて作る

つい子どもが食べられるかという点ばかりに意識が向いてしまって、同じメニューや同じ食材になってしまいがちです。調理上でもっとも大事なことは、子どもが一口食べた時に食べやすく、もっと食べたいと思えるようなものを用意することです。こうした食体験により偏食も改善していくものなので、好む点と苦手な点を配慮して、なるべくさまざまな食材やメニューを取り入れましょう。

無理をせず、できるところから

通常の食事のほかに形態変更食を用意することになるので、食事準備の手間が余計にかかることになります。はじめは食事の中の1品だけ調整食を用意するなど、できる範囲から始めてみてください。

食を広げる機会に

嚥下調整食は口腔機能の課題を解決するための食形態ですが、ただそれだけを目的にするのではなく、食事を広げる機会として活用してください。

離乳食とは異なり、1歳を過ぎればさまざまな味を覚えることも必要になりますので、家族が食べている食事に味を寄せたものを用意するなど、一つずつ新しい食事を経験できるように内容を考えましょう。

(A) 主菜：鰆の磯辺焼き
(B) 副菜：こんにゃくの炒め煮
(C) 主食：ご飯
(D) 汁物：みぞれ汁
(E) 果物：オレンジ
(F) 飲み物：牛乳

※78ページから83ページまでの各形態はこの定食を加工したものです。

2 基本の作り方

1 材料と調味料を入れて圧力鍋で煮る（煮汁は汁物として飲めるぐらいの濃さにする）

2 ミルサーに1の材料と材料がつかる程度の煮汁を入れる

3 ミルサーで粒がなくなるまで回す

軟固形食、舌でつぶれるものはつぶし食でも使用可

煮ても軟らかくならない食材を、つぶし食で刻む場合は、よく刻んでから汁ととろみ剤をかけ、口の中で広がらないようにし、また包丁を傾けると包丁から落ちる程度につくる

ムース食は3 140gにスベラカーゼ®7gを加えてミルサーにかける（70〜80度程度の温め必要）

　材料を分けたい時は、だしパックやお茶パックに入れて煮ると取り分けやすいです。揚げ物や焼き物は、コンソメの汁や煮物の汁を薄めたもので煮て具材を軟らかくしてからミルサーにかけると作りやすいです。

お茶パック

だしパック

発達障害児の偏食改善マニュアル

第3章 偏食改善マニュアル❷ 特別な食事を用意する

* 嚥下調整食は普通食からも作れますが、圧力鍋で煮た物から作るとスムーズにミルサーが回り、硬い粒が残りにくく素早く作ることができます。

● 圧力鍋で煮る時間の目安

シュッシュいってからの時間	食　材　名
普通の鍋で煮る	ブロッコリー
シュッシュいったらすぐ開ける	かぶ
3分	きゅうり、中華麺、ビーフン、そうめん
5分	カリフラワー・なす・マカロニ
10〜15分	うり・うどん・スパゲティー・春雨
20分以上	人参・大根・里芋・レタス・白菜・小松菜・玉葱・肉・えび・高野豆腐・えだまめ
20〜30分	切干大根
30分以上	れんこん

※実際の調理にあたっては使用する調理器具の取扱説明書も参照してください。

ペースト食

どういうもの?
唇が閉じて、舌が前後に動いて、ゴックンと飲む食形態です。

だれにむけたもの?
送り込みが弱く、粒などでむせてしまうような場合。

こんにゃくの炒め煮
- 混ざらないように注意(提供する直前に盛りつける)

鰆の磯辺焼き
- 食材ごとに加工
- キャベツは加工時に酸化して色が変わる
- トマトは市販のトマトゼリーを使用

みぞれ汁
- 具材と汁を分ける
- 器を形態に合わせて変更

調理のポイント

①食材をミルサーに入れて回す。まわりにくいときは水分（煮汁、だし汁など）を加える。
②粒がおおよそなくなったら増粘剤を入れて再度ミルサーにかける。
③増粘剤、水分を加えて粘度を調整する。
　⇨スプーンですくったとき、傾けるとペーストがまとまってぽとっと落ちる程度。

Point 1 味付けも大事な要素。普通食になるべく近く、ほんの少し薄い程度になるよう調整しましょう。

Point 2 見た目の鮮やかさも大切。料理ごとにミルサーにかけるのではなく、食材ごとにミルサーにかけることで彩り豊かな食事になります。また食材ごとに食べたときの表情も変わるため、好みを把握しやすいです。

● 食材ごとのポイント

麺類	サラダ用のマカロニやショートパスタは軟らかくなりやすい。通常よりも長くゆでる。
パン	牛乳で煮てパン粥にする。
肉	増粘剤を入れてから、よくミルサーで回すとざらつきがとれる。脂で調理後硬めになるので、ゆるめに仕上げる。
魚	増粘剤を入れてから、よくミルサーで回すとざらつきがとれる。脂で調理後硬めになるので、ゆるめに仕上げる。
豆腐	調理後硬めになるので、ゆるめに仕上げる。
野菜	繊維の多いものは一度コンソメやだし汁で煮て、煮汁に増粘剤を入れてミルサーにかけるとなめらかになる。マヨネーズやドレッシングでいろいろな味にする。生野菜をミルサーにかける時は、さゆに味付けしたいものをとかして一緒にいれる。

提供方法

- スプーンで、一口ずつ食べさせます。食べる時に上をむいて食べようとする場合は、粘りが強い可能性があるので、水分を足してゆるめましょう。

- 口からこぼれてしまうときは唇が閉じていない場合があるので、軽く唇が閉じるように手を添えて介助しましょう。ゆるすぎても口からでてしまうこともあるので少し増粘剤を足してみて、食べがよくなるかも確認してください。

- ペーストの横に実際の食べ物を置いて何をすりつぶしているのかわかるようにすると、のちの展開につなげやすくなります。

展開の仕方

　ペースト状のものであれば多く食べ、時間もかからない状態になったら、つぶし食のムース状を細かくつぶしたものか、刻み食に挑戦してみましょう。食べられるようならつぶし食・刻み食の比率を増やしていきます。
　食べにくいようなら、ムースや刻んだものにとろみのたれを多くしたりしながら練習していく。

つぶし食

どういうもの？
粒があるものや軟らかいものを数回でモグモグと舌で上あごに押しつぶす動きをが出てきた時に食べる食形態です。

だれにむけたもの？
咀嚼は難しいが、粒のあるものでむせず、ムース状のものなど舌でつぶして食べる動きが出始めたら。

こんにゃくの炒め煮
- 同じ調味料を使って用意したたれをかける
- 普通食と似た形に整形

オレンジ
- 形態変更する前のものを一緒に並べ、同じものだとわかるように工夫

鰆の磯辺焼き
- つぶし食にした後、魚の型にはめて整形
- たれをかけて更に食べやすく

みぞれ汁

調理のポイント

①食材を舌でつぶせる固さに煮る。
　⇒舌で上あごに食材をつけたとき、力を加えなくてもつぶれる程度
②煮てもやわらかくならないもの（肉、魚、葉物野菜、キノコなど）は刻んで煮汁とゲル化剤をかけ、口の中で粒が広がらないようにする。あるいはミルサーにかけてペースト状にしたのち増粘剤を加えてさまし、固めてムース状にします。

芋類は煮ると軟らかくなりますが、冷めると硬くなります。切った芋と水を容器に入れて電子レンジで軟らかくしたものを、バットに一個ずつ離して並べて凍らせるとくっつかず、袋に入れて使いたい分だけ取り出しやすいです。湯で軽く煮るだけで軟らかくなり冷めても硬くならず便利です。

Point 1　刻む、ミルサーにかける場合、しっかり煮込んでから行うほうが口の中に残りにくいつぶし食になります。

Point 2　食べづらそうにしている場合、あんかけ状のたれ（煮汁等にとろみをつけたもの）をかけるとさらに食べやすくなります。

Point 3　食材ごとのポイント（右表参照）。

● **食材ごとのポイント**

麺類	はしでつまんだとき切れるぐらいまで圧力鍋で煮る
パン	温かい牛乳をひたひたにかけて時間をおいてからつぶす
肉	やわらかく煮たものをミルサーにかけムース状にする。難しい場合は、きざんでとろみ剤でまとめる
魚	煮てからムース状にする
豆腐	一口大の大きさにする
卵	スクランブルエッグなどからムースを作るか、かきたま汁状に作る。
野菜	圧力鍋で煮て、舌でつぶれるものはそのまま、つぶれないものは刻んでとろみ剤をかけてまとめる。

 提供方法

　ペースト食から移行するときは、ムースを細かくつぶし、とろみのたれとたべるようにします。様子をみながら、たれの量やつぶす大きさを調整してください。

 展開の仕方

　舌が左右に動いて、食材を歯の上に運んで噛む、介助者が歯の上に食材を置いて咀嚼させた時に、歯の上で咀嚼するのが長くなる、軟固形食をガーゼで噛んでみて、ガーゼの中のものが、細かく噛めるようになる、といった状態になったら軟固形食に変更していく。

 軟固形食

🤔 どういうもの?
繊維などがあまり強くなく、箸で軽く切れるぐらいのもので、歯茎でかめるぐらいの軟らかいもの。

🧒 だれにむけたもの?
舌が左右に動き食べものを歯に運んで、歯で噛む動きが出てきた時に食べる食形態です（まだ硬いものや繊維の多いものは難しい）。

こんにゃくの炒め煮
- 煮るだけでも十分やわらかくなるもの（インゲン）はミルサーにかけず、元の形のままにする

ごはん
- 棒にぎり状にし、噛む力の練習に

鰆の磯辺焼き
- できるだけ、元の形がわかるように配慮

みぞれ汁

発達障害児の偏食改善マニュアル

 調理のポイント

①噛んだ時に軟らかく、繊維をあまり感じないように煮ます。
②似てもやわらかくならないものは、つぶし食と同様に刻んでとろみをつけるか、ムース状にします。
③この段階から咀嚼の練習(ガーゼ食)の提供も検討します。

　圧力鍋では軟らかくならない食材や圧力鍋は使いづらい場合、軟らかくする方法に凍結含浸などの酵素を使う方法もありますが、一般家庭では手に入りにくいです。重曹と同じような成分で軟らかくする粉がありますがそちらなら通販などで購入できます。材料の重量に合わせた濃度の液に長く漬けて加熱すると軟らかくなります。(多めに作って冷凍しておくと便利かもしれません)。

 **提供方法**

　舌が左右に動く場合は口の中央に、舌の動きが難しい場合は、歯に介助者が歯の上にのせながら咀嚼させる。
　咀嚼がまだ、難しい硬さのものはガーゼ食として提供する。
　軟固形食はガーゼ食として提供することができます。はじめて軟固形食に挑戦する段階など、まだ軟固形食をうまく噛んで食べることができない状態のときは、軟固形食をガーゼに包んで提供し、噛む練習を行うことができます。

 展開の仕方

　はじめはガーゼ食として提供し、舌が左右に動いて噛めるようになってきたら、ガーゼに入れずに提供します。大きさに注意しながらそのまま噛むようにしていき、軟固形食を噛んで食べるのがスムーズになったら、普通食を試していきます(はじめはガーゼ食から)。

第3章　偏食改善マニュアル❷　特別な食事を用意する

83

スティック食

どういうもの?
咀嚼が弱い、咀嚼が十分ではない場合の訓練食。

だれにむけたもの?
咀嚼力が弱い、すりつぶしができていない、ご飯を噛んでいない。噛む回数が少なく、早くのんでしまう。

●スティック食

●ねりむすび

ごはんをスティック状にしたもの

●スティック食の調理工程

スティック状の食材を煮こむ

煮汁でしめらせたガーゼでくるめばガーゼ食に

調理のポイント

①1cm角で長さ5〜7cmに切って煮る。

Point 食材ごとのポイント（下表参照）。

牛肉	水500cc・しょうゆ50cc・砂糖40gが沸騰してから、10分煮る。味を調整した汁につけておく。
ごぼう	水500cc・しょうゆ50cc・砂糖40gが沸騰してから、10分煮る。味を調整した汁につけておく。
たこ	足を竹串にさして大きいまま、水500cc・しょうゆ50cc・砂糖40gが沸騰してから、10分煮る。味を調整した汁につけておく。
人参	水500cc・しょうゆ50cc・砂糖40gが沸騰してから、10分煮る。味を調整した汁につけておく。

●ねりむすびの作り方

　ごはんは、口に入れるとばらけて噛みずらく、丸呑みしやすい。
　ご飯を粒がくっつくまでつぶし、棒状や丸い一口のおむすびをつくると噛む練習がしやすい。

 **提供方法**

　煮汁で湿らせたガーゼにスティック食を入れて子どもに噛ませます。
　ねりむすびは、手にもって歯にあてて噛ませるか、舌が左右に動くようであれば前歯で噛みとらせます。
　噛みとりが難しいようなら、1口大に切って提供します。
　ねりむすびでも舌でつぶしてのんでしまう場合は、ねりむすびに、硬いわかめのふりかけの粒や、ポテトチィップスのかけらを表面にさして噛ませると噛めることがあります。

 展開の仕方

　スティック食に慣れてきたら、普通食の噛みにくいものをガーゼに入れることも試していきます。ガーゼがなくてもうまく噛めるようになるまでつづけていきます。
　ねりむすびは、うまく噛むようになってきたら、ばらご飯をスプーンでまとめたもので咀嚼できるか、まとめ方を調整しながら練習していく。

調理例① 普通食

メニュー
- 主菜：たまごやき
- 副菜：コールスロー
- 主食：ロールパン
- 汁物：カレースープ
- 果物：メロン
- 飲み物：牛乳

発達障害児の偏食改善マニュアル

> 調理例① **軟固形食**

第3章 偏食改善マニュアル❷ 特別な食事を用意する

卵は、焼いたものをコンソメを溶いた湯で煮る。盛り付けて煮汁にケチャップを入れてとろみ剤でとろみをつけたたれをかける。

具と汁を分ける。具は圧力鍋で煮る。ウインナーは皮をむき、ピーマンは軟らかく煮て皮をむく。

圧力鍋でコンソメで煮る。煮汁にマヨネーズを入れてとろみをつけてたれにする。具は食材ごとに分け、見た目になれるようにする。

87

調理例① つぶし食

卵はコンソメの汁で煮てムースを作る。盛り付けて煮汁にケチャップを入れてとろみ剤でとろみをつけたたれをかける。

人参以外の具は、軟らかく煮たものを細かく刻みとろみ剤でとろみをつける。スープにとろみをつけたたれを和えて食べる。

コンソメで煮て人参とベーコン以外は細かく刻み、とろみ剤でとろみをつける。煮汁にマヨネーズを入れてとろみをつけてたれにする。

調理例① ペースト食

たんぱくの多いものは後から粘度がつよくなるので緩めに仕上げる。

汁の味が濃い場合は具の味がわかるように別にし、好みで味は調整する。

食材は別々にミルサーで回りして、とろみをつける。それぞれ、料理の味をつけるようにする。

調理例② 普通食

メニュー　**主菜**：焼き肉　　　**主食**：ご飯　　　**果　物**：バナナ
　　　　　　副菜：3色酢の物　　**汁物**：みぞれ汁　**飲み物**：牛乳

調理例② 軟固形食

肉とキャベツは、圧力鍋で箸で切れるぐらいになるまで煮る。

汁と具はわける。しいたけは、酵素につけて煮る。酵素がない場合は細かく刻みとろみをつける。

人参は圧力鍋で煮込み、きゅうりとえのきは酵素につける。酵素がないときは、きゅうりは圧力鍋で煮る。えのきは、煮て細かく刻みとろみをつける。甘酢を薄めたものにとろみをつけてかける。

調理例② つぶし食

肉のムースは硬くなりやすいのでやわらかめにつくる。キャベツは、圧力鍋で煮たものを刻みとろみをつける。煮汁に焼き肉のたれを混ぜてとろみをつけてかける。

汁と具はわける。具は圧力鍋で煮る。しいたけは、酵素につけて煮るか、酵素のない場合は細かく刻みとろみをつける。肉はムースにする。

人参は圧力鍋で煮る。きゅうりをおろし味付けしとろみをつける。えのきは、煮て細かく刻みとろみをつける。甘酢を薄めたものにとろみをつけてかける。

調理例② ペースト食

肉類はペーストにするとねばりがつよく出るので、直前調整が必要。

食材は別々にミルサーで回りして、とろみをつける。それぞれ、汁の味をつけるようにする。

きゅうり、大根は水分量が多いため、ペーストにする際の水分量に注意する。

第3章 偏食改善マニュアル❷ 特別な食事を用意する

感覚への対応──口腔感覚対応食

1 口腔感覚対応食とは

　口腔感覚対応食は主に自閉症の子ども達が安心してさまざまな食材、メニューが食べられるように各々の子どもの口腔感覚や食べ方の特性にあわせた提供食です。しかし、口腔感覚対応食も食べ過ぎると、他のものに手がでません。1食材、1個で、食べられるものを覚える目的で使います。

2 グループ分けと対応

　さまざまな要因で食べることに困難をもつ子どもたちが、その傾向はある程度分類化することが可能です。ここでは以下の3グループに分けて対応法を紹介していきます。グループ分けは、偏食傾向チェックリスト（131ページ参照）を用いて行ってください。

●各グループの特徴

	子どもの摂食状況	対　応
グループ1 感覚で選ぶ	揚げ物やスナック菓子を好む。触って食べるものを決めることが多い。温度、味の濃さなど刺激の強いものを好む。視線が合わないことが多い。	給食の食材を揚げるなど食べられるものを提供し、好みの食感・（触感・味・温度・色・匂い）に変える。感覚に合わせて少しずつ普通食に近づくように変化させながら食べ過ぎるものを減らす。
グループ2 形態で判断する	繊切り、フレーク状・そぼろ状など好みの形状で選ぶことが多い。好みの味付けがある。少しずつ食べる傾向あり	繊切りにするなど、切り方やこだわりを活かした好みの形態にする。好みの味付けや調味料をかけることで食事が進むことが多い。同時に食べ過ぎるものを減らす。
グループ3 なれたものを 食べる	食べた記憶のある食材、料理のみを食べる。（調理法で色や形の変化しにくいものを好む。パッケージで決めることが多い）	家で食べるものを復元する。食材をわかりやすくする。好きなものとひきかえて食べられるものを増やす。同時に食べ過ぎるものを減らす。

> グループ1

感覚で選ぶ

子どもの摂食状況
- 揚げ物やスナック菓子を好む。
- 触って食べるものを決めることが多い。
- 温度、味の濃さなど刺激の強いものを好む。
- 視線が合わないことが多い。

特徴
- 発達年齢は感覚運動から物の操作性が出始めた10か月前後。
- 感覚的遊びの段階。
- 口腔内過敏が強い。

対応
- 食材を好みの食感、触感、味、温度、色、匂いに変更し、食べられるようにする。
- 触りたくなるもの、口に入れたくなるものを用意する。

例
- ホウレンソウやキュウリなどの野菜はカリカリに揚げる。
- カレーなどどろっとしたものが苦手な場合は、春巻きの中に入れて提供する。
- 麺は固めに揚げる。徐々に軟らかくしていく（揚げる→炒める→茹でただけ）。
- さまざまな食材を薄いから揚げやフライにして提供する。

感覚で選ぶ子が好むメニュー
- カリッとしてしていて、噛みやすいもの
- 味が濃いもの
- 濡れていないもの

好みやすいメニュー	揚げパン、天ぷら、春巻き、黄な粉、ごぼうチップ、ちりめん、コロッケ、ポテト、唐揚げ

グループ2

形態で判断する

子どもの摂食状況
- 繊切り、粒々など好みの形状で選ぶことが多い。
- 好みの味付けがある。
- 少しずつ食べる傾向がある。

特徴
- 発達年齢はマッチングや単語の理解ができ始めた1歳すぎ頃。
- こだわりが強い傾向。

対応
- 繊切りにするなど、切り方やこだわりを活かした好みの形態にする。
- 好みの味付けや調味料をかけることで食事が進むことが多い。
- 同時に食べ過ぎるものを減らす。
- 食べられるようになってきたら、食生活全般の味の濃いものを薄めていく。
- 食材を繊切状にすることで食べられることが多い。
- 繊切状で細い唐揚げやフライにする。
- 同じ容器で調味料をかけると食材が広がることも多い。

例
- 食べない汁の具などを、繊切り状にし、炒める。
- 食べない肉、魚を細い繊切の唐揚げだと食べたりするので、細く切り揚げる。
- 好みの調味料をかける(和風(醤油)ドレッシング、ゴマドレッシング、ケチャップ、お好みソース、マヨネーズなど)。
- 小さく点々にする。
- 茶色く煮る。
- 食材を分けて、小皿に見えやすく盛り付ける。

形態で判断する子が好むメニュー
- 繊切状や粒々のもの
- 味が濃いもの
- 細かいスティック状のもの
- 麺類

好みやすいメニュー　切干大根、ひじき、麺類、大根の繊切りサラダ、きんぴら、春雨、糸こんにゃく、きゃべつの繊切り

発達障害児の偏食改善マニュアル

グループ3

慣れたものを食べる

子どもの摂食状況
- 家庭で今まで食べてきた経験上覚えている料理を食べる。
- 食べた記憶のある食材、材料のみを食べる。
- 調理法で色や形の変化しにくいものを好む。
- パッケージで決めることが多い。

特徴
- 発達年齢は言語指示理解が出始め、ルーティンの活動が身につき始めた1歳から2歳頃。
- 視覚優位で予測のつきにくさがある。

対応
- 家で食べるものを復元する。
- 同時に食べ過ぎるものを減らす。
- 食材が何かわかりやすくする。
- 好きなものとひきかえ食べられるものを増やす。
- 器なども同じ見た目にする。
- 給食で対応する場合は、材料小分けに冷凍するなどして対応する。

例
- 料理で覚えている場合はその料理を少量つける。
- 手作りでうまくできたり、できなかったりすることが感覚を広げる（カレー、焼きそば、コロッケ、ハンバーグ、味噌汁、煮物など）。
- 食べられるようになったら口腔感覚食をなくしていく。

第3章
偏食改善マニュアル❷ 特別な食事を用意する

慣れたものを食べる子が好むメニュー

- 料理の影響を受けなくて見た目のわかるもの（果物、ミニトマト、チーズ、ウインナーなど）
- 単品で覚えやすい料理（カレー、焼きそば、ラーメン、パン、ハンバーグ、味噌汁、お好み焼きなど）
- パックやカップ、袋など市販品が包装ではっきりわかるもの
- ブロッコリー、しめじ、えのき

好みやすいメニュー	ハンバーグ、カレー、スパゲティー、ホットケーキ、焼き魚、卵焼き、グラタン、ラーメン、味噌汁、煮物

3 基本的な口腔感覚対応食(カリカリ食)の作り方

　カリカリ食は感覚にこだわりがあるために食べることができない食材を食べられるようにするための食形態です。慣れたものを食べる子どもには好まれないことがありますが、感覚で選ぶ子どもや形態で選ぶ子どもには好まれることが多く、食材の幅を広げる有効な手段になります。

カリカリ食のつくり方　●材料：小麦粉50g、水80g、塩少々、油適宜、揚げたい材料

カリカリ食は以下の5つの作り方があります。

- Ⓐ **素揚げ**……………………何もつけないで揚げ、塩をふる
- Ⓑ **小麦粉をつけるだけ**……①小麦粉に塩を入れて、材料をまぶし120～125度で揚げる
- Ⓒ **天ぷらにして揚げる**……①小麦粉50gに塩を入れ、水を80g入れて混ぜ、材料につけて120～125度で揚げる
- Ⓓ **フライにして揚げる**……①小麦粉50gに塩を入れ、水を80g入れて混ぜ、材料につけ、それにパン粉をつけ、120～125度で揚げる
- Ⓔ **フライパンで焼き、塩をふる**

＊食べれないものだけ提供し食べられるようになってきたら、徐々に軟らかく、衣を少なくしていき、形態も揚げる→ムニエル→焼く→煮るにかえていきます。

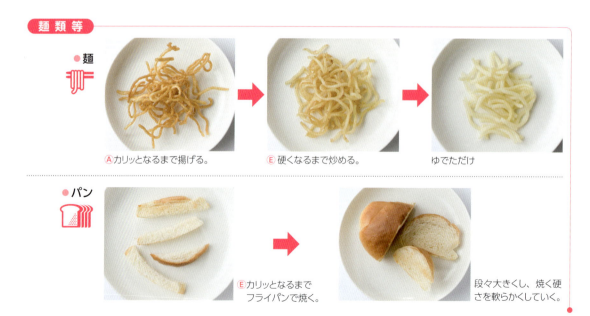

麺類等

●麺
- Ⓐ カリッとなるまで揚げる。
- Ⓔ 硬くなるまで炒める。
- ゆでただけ

●パン
- Ⓔ カリッとなるまでフライパンで焼く。
- 段々大きくし、焼く硬さを軟らかくしていく。

● ピーマン

Ⓒ 繊切りのものを揚げる。

Ⓔ 繊切りのものを炒め、好みの調味料をかける。

● きゅうり

Ⓒ 輪切りのものを揚げる。

輪切りで水分をふく。または好みの調味料をかける。

● レタス
きゅべつ
白菜
ほうれんそう

ほうれんそう　レタス　キャベツ

Ⓒ 一枚一口大のものを揚げる。ほうれんそうはゆでて揚げる。

● わかめ

Ⓒ 水で戻して一枚一口大のものをⒷで揚げる。

● 大根

Ⓒ 繊切りのものをⒷで揚げる。

Ⓔ 繊切りのものを炒める。または生で好みの調味料をかける。

● しいたけ

Ⓒ 薄くスライスして揚げる。

● しめじ

Ⓒ 1本ずつに分け揚げる。

Ⓔ 細いところを分けて炒めるか、ゆでて好みの味をつける。

● えのき

Ⓒ 数本をまとめて揚げる。

Ⓔ 炒めるか、ゆでて好みの味をつける。

100

発達障害児の偏食改善マニュアル

第3章 偏食改善マニュアル❷ 特別な食事を用意する

- じゃがいも

Ⓑで揚げる。スナック菓子→フライドポテト状に揚げる。 → Ⓑ角切りで揚げる。 → Ⓔ角切りで表面をフライパンで焼く。

【肉・魚等】

- 肉

Ⓒ薄目に揚げる。 → Ⓔ表面が硬くなるまで焼く。 → 焼く。 → ゆでたり煮る。

- ミンチ

Ⓒ小さく薄いハンバーグを揚げる。 → Ⓔ硬く焼く。

- 魚

Ⓒ薄くスライスして揚げる。 → Ⓔ薄くスライスして硬く焼く。 → 焼く。 → 煮る。

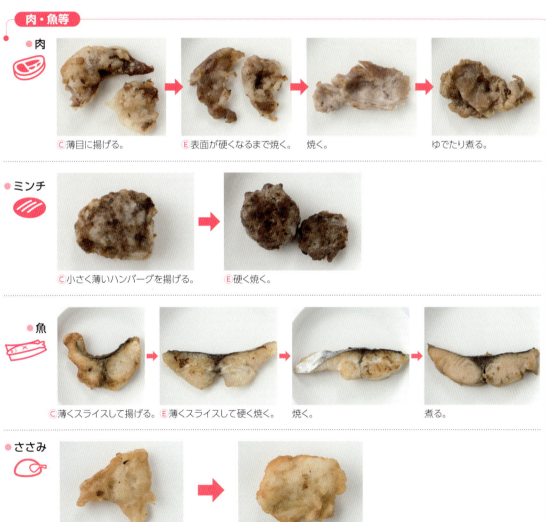

- ささみ

Ⓒ薄くスライスし揚げる。 → だんだん厚く大きく揚げる。

101

食べることができる食材が広がる時の子どもの様子とまわりのかかわり

子どもは好きなものから食べていき、好みのものを食べ終えて初めて次の食材に手が出ます。

① 好きな食材のおしまいがわかる支援
② 次の食材に手が出るタイミングを待つ

この二つが大切なポイントです。

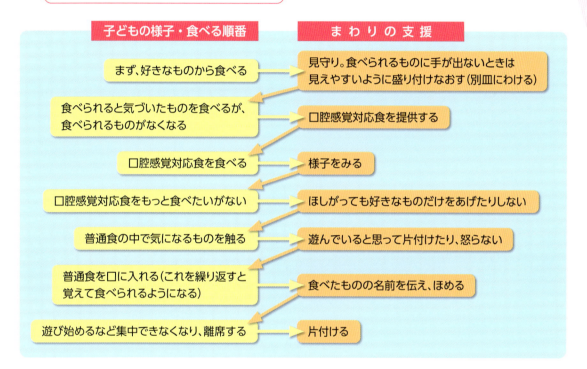

口腔感覚対応食のやめ方

　カリカリ食などを提供する場合、これにはまってしまうのではないか、他のものを食べなくなってしまうのではないかという不安がありますが、カリカリは食べられない食材を1種類につき1個つけること、多く食べているものを減らすこと、同じ食材でつくった料理を横に置くこと、カリカリでなくても食べられるようになった食材は、カリカリはなくしていくようにすることを基本にしていくと、食べられるものが増え、カリカリ食が減っていくので、カリカリ食にこだわらなくなります。

　カリカリを卒業させる際は、だんだん減らしていき、いつも入れている容器を空にして見せる。「いっぱいたべれるようになったからカリカリなくなったね。すごいね。」などほめたりして1〜2回見せるとなくなったことがわかり、なくても大丈夫になります。

104

第4章

偏食改善マニュアル❸
支援のテクニック

　この章は、よくある質問や困りごとへの対応などをまとめました。

　偏食の対応は、施設や学校だけで行っていてもなおすのが難しいです。施設と家庭とで相談し、足並みをそろえて対応していくことが必要です。

支援のテクニック

1 食材に手を出しやすくする

①食材をわかりやすくし、目の前の「それ」がなんなのか子どもたちにわかりやすいように調理、盛り付け等を工夫します

食材が混ざった料理は食材ごとにわけると見えやすく、手がでやすい

形態を変更しても元の食材と似せて提供すると、次の段階にすすみやすい

色の濃い汁物の場合、汁と具材を別皿にすると、中身が何かわかりやすい

言葉がわかる子どもには食材カードを使用して材料を説明する

Point 例えば、焼きそばやビーフンという「料理」を食べられるものと認識できていれば問題ありませんが、麺、肉など食材単位で食べられるものを認識している場合、混ざった状態ではそれが何かわからなくなってしまいます。

② 「間の食感」を用意します

　特定の食感が苦手な場合、いきなりその苦手な食感に挑戦するのではなく、段階を経て挑戦できるよう工夫します。
　例えば、パン、麺、練り製品など軟らかい食感が苦手な場合は、表面を焼いて硬くしたものから食べ始め、徐々に焼き方を軽くしていくことで軟らかい食感のものも食べられるようになります。
➡（98ページ参照）

一皿で完結させず、複数の皿に分けて提供する

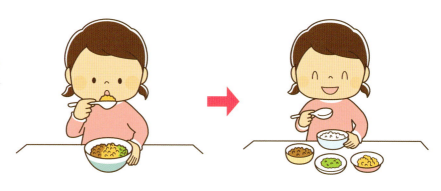

単品の量を減らし、少しずつ品数を増やす

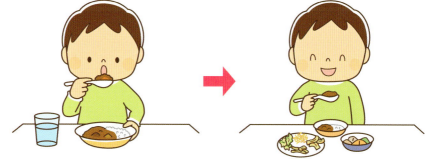

 一度の食事で食べられる食品の種類が多いほど対応の幅が広がります。1品の量に気を付けながら、常に種類を増やすことを念頭に置きましょう。

とろみを利用する

嚥下調整食だけで提供するのではなく、材料を煮た汁にとろみ剤でとろみをつけて食材にかけると家族と同じ味が楽しめ、口の中に残りにくく食べやすくなります。このとろみあんは、少しゆるめに作る方が食べやすくなります。

参考 とろみあんの作り方

ふりかけ味
ふりかけに湯を入れてミルサーで回しとろみ剤を入れる

炊き込みごはん味
炊き込みごはんの具をとって湯と醤油を足し、ミルサーで回し増粘剤を加える

ジャム味
ジャムと白湯を一緒にミルサーで回しとろみ剤を加える

煮物・コンソメ味・中華味
料理をした煮汁の味を汁物程度の濃さに薄めて、とろみ剤でとろみをつける

チーズ味
チーズを湯で溶かしてミルサーで回し、とろみ剤を入れる

カレー味
ルーを湯でゆるめとろみ剤でとろみをつける

ソース・ケチャップ味
煮汁やお湯で薄めてとろみ剤でとろみをつける

甘酢・ドレッシング・マヨネーズ・ごま(ねりごま)味
食材を煮た汁や白湯で薄めてとろみ剤でとろみをつける
※マヨネーズ、ごまなどはとろみがつくのに時間がかかるので、混ぜた後しばらく置いてからとろみの濃度を調整しましょう

煮物味
煮汁を汁物ぐらいの味に薄めてとろみ剤でとろみをつける

2 間食への対応

①**お菓子を入れる特定の容器を用意し、そこから食べるようにします**

容器が空な状態を見ると、「おしまい」を認識しやすい

②**泣いて要求しても応じないようにします**

泣いて暴れたときにお菓子をあげてしまうと、それが要求を叶える方法だと勘違いしてしまい、エスカレートしてしまうので注意

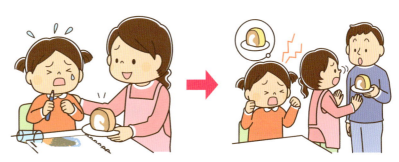

③**子どもの目に入らない場所にしまうようにします**

お菓子のあるところを見えるようにしているとおしまいの意味がわからなくなってしまうので注意

Point 間食は幼児で100カロリーまでが目安です（個人差あり）。

3 立ち歩きへの対応

　偏食がある子どもであっても、そのほかの子どもと同じようにおなかがすいた状態で食事に集中できる環境を整え、食べる時は座ってたべるものだということがわかると座って食べることができるようになります。はじめは大変ですが、少しずつ整えていきましょう。

①**食事の時間を定める**

　食事時間を3食と間食の4回に決め、その時間以外はお茶や水などにして、食事を与えないようにし、食事の時間があることをわかってもらいます。

　泣いたり暴れたりしてもあげないで、一緒にあそびます。

②**食事時間の長さを決める**

　はじめ1時間半かかっている場合、次は1時間20分で食べなかったら片づけてしまいます。だんだん食事時間を短くし、片づけていくと、ウロウロしていると片づけられることと、食間があいて空腹を体験することで、食事の時間に食べておかないと大変ということがわかり、食事に集中するようになります。

＊食事時間の設定は保育園や学校などの給食時間を見越して練習していきましょう。

> **Point**　言葉の理解ができる子どもには、時計の図を書いたり、時計に印などをして食事時間を教えていきます。言葉の理解が難しい場合は、アラームなどで食事時間があることを教えていきましょう。

注意点　偏食の子どもの場合、食事時間以外に食べたがったときに食事を与えたり、食事時間中でも立ち歩いたり遊んだりしながら食べることを許容してしまったり、きちんと時間を決めて、座って食べていない状況がよくあります。食べてもらうことを第一に考えるとついこうした対応をとりがちですが、これを続けてしまうと食事時間があることがわからないままになってしまいます。

4 早食い・かきこみへの対応

　早食いやかきこんで食べると窒息の危険があるほか、口の中に多く詰めこみすぎてうまく噛めず、食べることへの印象を悪くしてしまったり、反対に多く食べ過ぎてしまう原因になってしまうこともあります。適当な量をゆっくり噛んでたべることを継続的に行い、落ち着いた食事を学習する必要があります。

原因
- 次々口に入れて食べてしまう。
- 食べるのが好きで、早く食べたい。
- 口の中に食べ物があるが、次が食べたくて、早くのみ込んでしまう。
- 道具操作が上手でなく、前かがみになって流し込んでしまう。
- 口に入っている感覚がわかりにくい。

　などが原因なことが多い。

対応
- すくいやすい食器に少しずつ入れて口がからっぽになったら次をあげる。
- お口がからっぽになる感じを意識してもらう。
- わかりにくい時は鏡などを利用する。
- 間がもたないときは、どれにするか選んでもらって間を作る。
- 言葉がわかるようになってきたら、数などでよく噛むことを伝えながら、だんだん目の前に置く量を多くしながら、ゆっくり食べられるように声かけや介助していく。

5 飲み物への対応

①味を一定にし、慣れてきたら別の味に挑戦しましょう

　新しい飲み物にチャレンジする場合、普段は好きなものを飲み、ある時だけ練習のため別の味のものを飲む、といった対応をしてしまうと、なかなか味覚が安定せず、よくなりません。

　普段飲んでいるものから味を一定にし、様子を見ながら少しずつ変えていきます。好きな味のものは間食の一部として提供するようにすると、もらえる時がはっきりして子どもにとってもわかりやすいので、違う味ものに慣れやすくなります。

　野菜ジュースなどについても、多くとっているとそれだけで多くのカロリーを摂取できてしまうため、偏食改善の妨げになります。ジュースなどは間食の中の1品目とカウントし飲ませるようにしましょう。

②お茶や水を飲めるようにしていきましょう

　お茶や水といった味のしないものに慣れておくと、糖質などの栄養管理が簡単になるほか、集団生活への対応が行いやすくなります。また場所によって飲めたり飲めなかったりする場合は、あらかじめメニューを提示したり、空っぽシール帳（114、133頁参照）などを利用し、こだわりを減らしていくきっかけを作りましょう。

Point　水分をとるのが苦手な子どもの場合、少しでも飲んでほしいという思いから、好きなときに自由に飲めるように飲み物を出しておき、すこしずつ飲んでいるケースが多いです。ちょこちょこ飲むことは、水分摂取という点では問題ないのですが、ごくごくと連続で多く飲む機能が育たないほか、飲み物は自分で好きな時に飲むものと思ってしまい、集団生活で対応が難しくなってしまいます。そのため、将来を見越し、飲めるものを、決まった時間にまとめて飲む習慣をつけていくことも大切です。

6 果物への対応

①最初はしぼり汁からはじめます

大人が目の前で果物を絞りそのしぼり汁を子どもの口につけます。慣れてきたら一さじ飲むのを続け、だんだん量を増やします。子どもが自分から汁をなめたりするようになるまで続けます。

②子どもに果汁を絞ってもらいます

果汁に慣れてきたら、子ども自身に果実を絞ってもらい、果実そのものにも慣れてもらいます。

③汁に粒を混ぜてみます

果汁を飲むことに不安がなくなったら、果汁のなかに粒を混ぜて提供します。果粒には皮があるため、はじめは食べ慣れないと思われますので、ごく少量からはじめてください。

7 道具の活用

偏食があるときに、お菓子やデザートを用意して座らせたり、食べたらご褒美にあげたりすることがよく見受けられます。これをするといつもお菓子などのご褒美がないと食べられなくなります。食材をわかりやすくしたり、場所がかわっても使えるものを利用しましょう。

| 食育マット

黄・赤・緑に食材をグループ分けしたマットで、食べ物には色々な働きがあることを伝え、さまざまな食材を食べることをすすめるのに利用します。言葉の理解や食材の名前などが理解できる発達段階の子どもへの対応時に利用できます。

➡ （132ページ参照）

からっぽシール帳

　食べる課題をわかり易くし、お皿を空っぽにできたらシールや花丸をつけていきます。

　自分が食べきることができたことをわかりやすくし、継続していけば、所属場所や支援する人が変わった環境でも利用できます。始める時は、目標とする食べられる食材や量をできるだけ少ない設定にし、できた、という成功経験を重ねてから、少しずつ課題をステップアップしていきます。

➡（133ページ参照）

食べるスケジュール

　どういう順番で食べていくかをスケジュールとして表します。

　様式などは特に不要で、「1．ごはん　2．カリカリ…」など、シンプルに書きつけます。可能なら子どもと相談して、子ども自身に順番を決めてもらうようにすると、食事に対する意欲をもたせることもできます。

　数字の好きな子どもには、数字を書きながらスケジュールのように食べる順番を食材名や絵でかくと頑張れる時があります。

食材カード

　料理は食材がさまざまな形や色に変化し、元がなんだったのかわかりにくいため、食べられる食材もそれと気づかず食べることができない場合があります。

　食材カードで食材の見た目と名前を覚えることで、料理で見ためが変わっても食材がわかりやすくなり、食べるきっかけになります。

要求カード

　おかわりがほしい、調味料をかけてほしいなど、要求の仕方がわからないと暴れて、まわりもわからず、好きな物ばかりを与えるようになってしまいます。暴れずに、してほしいことを頼めるように利用します。

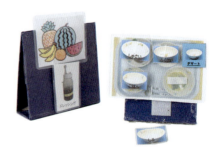

8 食具の工夫

道具操作が難しい子どもが多いため、手づかみや猫背になってかきこんで食べたりする場合もあります。

使いやすい食具を用意し、子どもの食事をサポートしましょう

▲皿の縁が立ち上がったものは料理をすくいやすい

▲柄が短く、太いため持ちやすく、自分で食べるのに適した形状

▲皿が小さく、口の小さい子どもの介助に適した形状

▲金属が苦手な子どもも安心のシリコン製。皿が平らなので口の閉じが難しくても食べやすい

◀一般的なスプーンの柄にスポンジを付けて持ちやすく

Point 感覚的に手で触ることで判断している子どもに関しては、食が広がるまでは手で食べることを認めてあげたほうが良いです。しかし、覚えた食材については、道具を利用することを勧め、食具の使い方も学んでいきましょう。

9 市販品や残り物の活用

　偏食への対応のためさまざまな食形態を提供することになりますが、毎日毎日用意することは非常に大変です。すべて一から自分で用意するのではなく、前日の残り物や市販品も利用していくことで負担が軽減できます。同じ既製品ばかり提供するとこだわりを持ってしまうこともあるので、一工夫することが大切です。

缶詰を利用する

　魚は骨があったり、肉などもミルサーにかかりにくかったり毎日嚥下調整食を作るのは大変です。そこで、缶詰を利用します。

　缶詰食品は全般に味が濃いので、お湯を入れ食材をミルサーで回すと丁度いい味加減になり、骨も軟らかいのでミルサーにかかりやすいです。軟固形食やつぶし食の人は、缶詰にお湯と増粘剤をかけて、ほぐすだけで食べることができ、忙しいときなどには便利です。

残り物を活用したレシピ例

▶残り物で茶碗蒸し◀

材料 鍋、吸い物、煮物等の残り物の具適宜、汁70ml(そのまま飲める汁物ぐらいの味つけに。濃い場合は薄める)、卵1/2個

作り方 ① 残り物の具を刻む(刻みが食べられない場合はペースト状にする)。多く入れるすぎると固まりにくいので注意
② 卵を割って泡立たないように、溶き、汁を汁物の味ぐらいに調整する。薄い、足りない場合はめんつゆを使って作り、卵に混ぜる。
③ 容器に②を入れ、具を静かに入れる。
④ 鍋のそこに1〜2cm水を入れ、③を置いて、弱火で固まるまで蒸す。鍋の水がなくなりそうなら足す。
※茶碗蒸しが食べにく場合は、煮汁か麺つゆを薄めたものに、増粘剤でとろみをつけてかける

▶カレーの残りでカレースープ◀

材料 カレーの残り、ミートボール(または、白身魚、豆腐などでもOK)

作り方 ① カレーの残りの具の肉などの硬いものは、刻んでおく(ペースト食にする場合はミルサーでまわす)。
② 鍋に水を入れ、ミートボールなどの具をたす。
③ 味が整ったら、片栗粉や増粘剤でとろみをつける。煮詰めても味が薄い場合は、コンソメをたす。

▶市販品のカステラを使ってなめらかカステラ◀ (こしあん饅頭・粒のないクッキーでも可)

材料 カステラ30g、水90ml、ゼラチン2.5g

作り方 ① カステラを食べやすい大きさに切る
② 水にゼラチンを入れ、電子レンジで温め、ゼラチンを溶かす。
③ ②が熱いうちに①に全体が濡れるようにかけ、置いておく(途中触らない方がなめらかにできる)。
④ 汁がしみたら冷蔵庫で冷やす。舌でつぶせるぐらいの硬さのものを食べられる場合は、そのまま提供する。つぶありペーストぐらいが食べられる場合は、電子レンジで少し温め、汁と増粘剤でとろみをつけてつぶして提供する。

10 生活の工夫

おじいちゃんやおばあちゃん、お父さんなどが好きな物をあげてしまう

家族にあてた資料や手紙をでお願いしたり、それでも難しい場合は参観日などにきていただき現状をみていただき、お願いしましょう。

預けたりするときに、お菓子などをあげすぎてしまう場合は、あげるおやつなども決まった容器に入れて、それをあげてもらうようにしましょう。

お手伝いをしてもらう

料理を運んでもらうなど、お手伝いは身体の発達や心の発達に良い影響をもたらします。できる限り自分で動いてもらう機会を作ることが大切です。

牛乳をみんなに配る当番、他のクラスに果物をもっていく当番、献立表を配る当番、食べたクラスの食器を台車で調理室に運んでくれる当番など、当番制にしてみんなが取り組めるようにするといいでしょう。

クッキングなど

皮をむいたり、混ぜたり、卵を割ったりなどクッキングは、食材の変化や食材の名前を覚えたり、親しみを持つことができる機会になります。また感覚過敏のある子どもにとっては、慣れないものに触れる機会にもなるので時間があれば取り入れていきましょう。

運動

偏食を改善するには、お腹をすかせることが大切です。できるだけ、外で遊ぶ時間を作り、食事時間にはお腹をすかせてむかえるようにしましょう。

一緒に食べる

偏食があると、子どもが食べるものだけを食卓にだしたり、ほかの人とは別の時間に食べさせていることが多いです。まわりの人がおいしそうに食べる姿を見ることも食を広げるきっかけになるので、たとえ食べなくても、家族と同じ料理を子どもの分として少量でも食卓に並べ、一緒に食べるようにしましょう。

大皿で食べる場合の注意

大皿に盛った料理を家族で食べ分ける場合、自分の量がわかりにくく、家族の分もほしくて要求し一度あげると毎回要求するようになり、偏食が改善されません。皿を決め、あらかじめ盛り分けて、要求されても人の物がわかるように断るようにしましょう。

特定場面ごとの対応

1 アレルギーがある場合

課題

- アレルギーにより特定の食品を除去することになるため、同じ材料を使用することが多くなってしまい、偏食を強化にしてしまうことがある。

- 長い期間除去していると、今まで食べていなかったために手をつけられなくなっていることがある。

  ⇨ 除去食品と同じ特徴を持つ食材にまで苦手意識が般化してしまうこともあります。

- 除去食品が使用できないため、ほかの子どもたちと給食メニューが異なってしまう。

対応

- 改善した時のことを想定し、アレルギーの原因となるものは除去し、似ているものを食べる経験をつみましょう

　例えば、乳アレルギーの子どもはミルクと同様に白いものが苦手になることが多いです。そこで、アレルギーミルクや豆乳などを飲ませたり、それらを使ったシチューやデザートなどを食べさせることで、アレルギーが改善したときに抵抗なくミルクが飲めるようにしていきます。

- 除去食品には可能な限り代替品を取り入れましょう。

　みんなと同じものを食べ、経験を共有することは情操面からも大事なことです。実際に同じものを食べることが難しい場合でも、それに似せた代替品を用意することで経験を補うことができます。

● 給食メニューの代替状況

食品名	給食メニュー	代替メニュー
乳製品	プリン	ゼリー
	ホットケーキ	牛乳なし・卵なしホットケーキミックス＋水（バターなし）
	クリームスープ・ポタージュ	牛乳なし・卵なし
	パン	アレルギー用パン
	ミルクゼリー	オレンジゼリー
	牛乳	リンゴジュース・アレルギー用ミルク・豆乳
卵	シュウマイ	ぎょうざ
	プリン	ゼリー
	マヨネーズ	卵なしマヨネーズ
	フライ・天ぷらの衣	卵なし
	かきたま汁	豆腐または肉
	卵料理	魚料理
	ホットケーキ・蒸しパン	卵なしホットケーキミックス
	はんぺん	豆腐・ふ
	卵豆腐	豆腐
	ちくわ	魚
	三色丼	コーン
	茶碗蒸し	豆腐
	お好み焼き	卵なし
肉		魚・ツナなど
魚介類		肉・豆腐など
大豆製品	豆腐	肉・魚など
ナッツ類	ナッツ	除去
	ごま	除去
果物	キウイ・バナナ	違う果物
穀類	小麦	米粉・上新粉・ホワイトソルガム粉　麺のときはビーフン
その他	山いも・たけのこ	＊除去

2 保育園・小学校を意識したレシピを考える場合

課題

- 偏食を意識したレシピ構成（食材や調理法を限定する）にすると、保育園や小学校での給食のようにバラエティに富んだメニューに対応できない。
- 一方で、バラエティに富んだメニューにするとなかなか食べてくれない。

対応

- 将来、通う予定の所をリサーチし、少しずつ練習をしていきましょう。

　偏食への対応としてさまざまな工夫を紹介していきましたが、こうした対応はいつでもどこでもできるわけではありません。特に学校給食などのメニューは子どもたちにさまざまな食経験を積んでもらうためバラエティに富んだレシピが提供されており、食べ慣れないものが日常的に出てきます。

　家や施設にいるときから、保育園や小学校などでどのようなものが給食として提供されるかをリサーチし、食べられない子どもには支援しながら、多様なメニューに対応できるように少しずつ食事内容を変化させて練習していくことが必要です。

3 給食がお弁当の場合

課題
- 子どもの希望に合わせたものばかり入れることが多く、偏食が強化されてしまう。
- 自分で決めたものしか食べられなくなり、偏食への対応が困難になる。

対応
- 少しずつ保護者が決めたものも入れていき、種類を増やす工夫をしていきましょう。

お弁当を用意するとき、偏食があると食べられるものとして毎日同じように子どもが希望したものだけ入れてしまっていることが多いです。お弁当箱やおかずの写真、絵などを使って、前日に入れるものを伝えたり、食育マット、空っぽシール帳などを利用し、種類を増やす工夫をしていきましょう。

弁当を作る時の工夫（ペースト食やムース食の場合）
- 色のきれいな食材を使うと見た目にもおいしそうになります。
  緑：ブロッコリー　赤：プチトマト湯むぎ　オレンジ：鮭　黄：卵焼き
- 赤・緑の食材だけでも別にミルサーで回すと色鮮やかな弁当になります。

> **Point　おかゆでおむすびをつくろう**
>
> ◀おかゆの場合▶
>   おかゆ50g+塩+スベラカーゼ®2gを電子レンジで温めラップでおむすび型に成型します。少々の湯でふやかしたのりをつけると見た目もそれっぽくなります。
>
> ◀ペースト粥の場合▶
>   おかゆ60g+塩+スベラカーゼ®3g入れてミルサーにかけます。プルプルした状態にならなければ、電子レンジで少しプクプクいうまで温めてください。ラップでおむすび型にして、のりのペーストをかけて完成です。

4 給食での個別対応が難しい場合

| 課　題 |

● 人的環境などのため偏食への個別対応が実施しづらい。

| 対　応 |

● 家庭と連携を強化しましょう

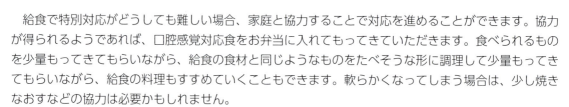

　給食で特別対応がどうしても難しい場合、家庭と協力することで対応を進めることができます。協力が得られるようであれば、口腔感覚対応食をお弁当に入れてもってきていただきます。食べられるものを少量もってきてもらいながら、給食の食材と同じようなものをたべそうな形に調理して少量もってきてもらいながら、給食の料理もすすめていくこともできます。軟らかくなってしまう場合は、少し焼きなおすなどの協力は必要かもしれません。

5 給食が外注の場合

| 課　題 |

● 給食を利用した対応が実施できない。
● 調理設備が乏しく、特別食を用意できない。

| 対　応 |

● 調理済みの食材で対応食を用意することができます。

　施設によっては、給食が外注で施設内に厨房設備がない場合もあり、対応が難しいということもあります。このような場合は、調理済みの食材で口腔感覚対応食を作ることもできます。厨房がなくても、湯沸かし室程度の設備があれば対応は可能です。小さいホットプレート、カセットコンロとフライパン、IHの小さい物など少ない油で焼く程度でも作ることはできます。

 注意点　衛生面の問題は、きちんと温度管理すれば問題ありませんが、施設基準等の規定を順守してください。食べられないでいる子どもの状態や将来的なことも考え、何が重要か検討していただければ思います。

6 行事への対応

課題

● 行事食を楽しめない。

対応

● どのようにしたら、一緒に楽しめるかを計画の中に入れましょう。

　食べることに関わる行事の場合、偏食があると楽しめない場合も多いです。行事にでる食べ物を前もって継続して家庭で練習することもありますが、とても難しい場合は、どのようにしたら、一緒に楽しめるかを計画の中に入れることも大切です。

　また楽しい行事のときは、気持ちがのることも多く、食を広げる良いきっかけになる場合が多いです。行事食をつくる傍ら、ホットプレートなどで小麦粉をつけてカリカリにしたりすることで、一緒に楽しめ、さらにカリカリでないものも食べられたりすることもあります。

　少しの手間が、みんなで楽しめる機会になります。

レシピ例

▶ もち・ぜんざい（ペースト食ver.）◀

材料
- 白玉粉…10g
- スベラカーゼ®…2g
- お湯…70g
- ご飯…23g
- こしあん…50g
- 水…40g
- 増粘剤…適宜

作り方
① 白玉粉とスベラカーゼ®、お湯を入れてミルサーにかけます
② ①にごはんを入れてミルサーにかけ、型に入れて冷やし固めます
③ こしあんを水で溶いて、電子レンジで温めます。必要に応じて増粘剤でとろみをつけ、②のもちゼリーと盛ります

7 料理が苦手な場合

| 課　題 |

● 調理技術が乏しく、特別食を用意することが難しい。

| 対　応 |

● 少さまざまな市販品を活用しましょう。

　料理が苦手という場合でも対応はできます。子どもの状態にあった市販品を対応食として利用することができます。惣菜や冷凍食品、コンビニのレトルトでも構いません。同じものばかりを多くとらずに、さまざまなものを利用してみましょう。そのままで難しい場合は、小さく切ったり、小麦粉を付けて焼いたりしてみましょう。

注意点　市販品の場合、出来栄えが全く同一になるため、「○○社の××しか食べない」等、その市販品に対する極端なこだわりを形成してしまう可能性があります。
　自分で調理したものの場合、その都度出来栄えが変わるのでこだわりをつくる可能性が低く、目的に応じた加工も可能のためできるだけ自分で料理したものを提供するようにしてください。

8 不調時の工夫

課題 ● 食欲不振などで水分、栄養を必要量摂取しづらい。

対応 ● 少量で必要な栄養量を確保できるものを提供します。

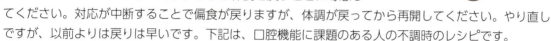

不調時は水分も必要なうえ、食欲不振などもあり、なかなか十分に栄養を取れないことが多いです。まずは体調を戻すことに専念してください。対応が中断することで偏食が戻りますが、体調が戻ってから再開してください。やり直しですが、以前よりは戻りは早いです。下記は、口腔機能に課題のある人の不調時のレシピです。

▶豆乳・コーンスープ◀

材料 ●豆乳…80ml ●コーンスープ粉…8g(好みで) ●卵…1/2個

作り方 材料を混ぜてよくかき混ぜながら弱火で温める。温めすぎると固まるので注意。加熱時間を長くしたいときは水を少し足す。

▶豆乳中華スープ◀

材料 ●豆乳…80ml ●中華スープの素…2g ●卵…1/2個

作り方 材料を混ぜてよくかき混ぜながら弱火で温める。温めすぎると固まるので注意。加熱時間を長くしたいときは水を少し足す。

▶豆腐野菜ジューススープ◀

材料 ●野菜ジュース…20ml(お腹がゆるくなければかぼちゃなどでもOK)
●豆腐…30g ●卵…1/2個 ●コンソメ…2g

作り方 ①材料を混ぜてミルサーにかける。
②鍋に移し混ぜながら弱火で温める。温めすぎると固まるので注意。加熱時間を長くしたいときは水を少し足す。

Point 便秘について

便秘には水分の不足、食物繊維の不足、食事量の不足、便意の我慢、腹筋や運動不足、腸の動きが悪いなどさまざまな原因があります。便が溜まっていないのか、それとも、便が出るのが遅れて便の水分をとられてしまい小さく硬くなるため出にくいのか観察することが必要です。まずは、便をスムーズに出しやすくするため、一日にどのくらい水分を摂取しているか確認してみましょう(112ページ：水分のとり方参照)。状態によっては、腹筋なども弱いため、少し便が硬くなると排便しにくくなります。医師などに相談し、薬も上手に利用しましょう。

食物繊維は下記の食材に多く含まれているので、料理に取り入れていきましょう。

ひじき・切干大根・大豆・おから・納豆・ごぼう・枝豆・オクラ・ブロッコリー・エリンギ・しめじ・しらたき・かぼちゃ・たけのこ・キウイ・ほうれんそう・さつまいも・さといも・こんにゃく・とうもろこし・りんご・いちご・バナナ

コラム 職員配置について

　今までの対応の工夫をみてみると、非常に手がかかり、個別対応が増え大変なように思えるかもしれません。しかし、いつまでも対症療法的に支援を行っていくよりも、原因を把握し、どのようにステップアップしていくかを考え、効果的な対応を実施することで、少しずつ食の課題が解決していけば、必要な支援は減っていき、いずれ職員の労力は対応実施前より少なくて済むようになります。

　実際、著者の勤めるなぎさ園では、1年目は全く食べられず、付きっきりだった子も、次の年は声かけだけで食べられるようになり3年目には、道具操作やマナーなどの練習などを行える状態にまで到達することが多いです。将来的な特別支援学校などの労力を考えると非常に有意義だと考えています。

　子どもにとって、支援をしてくれる大人は、安心できる存在、励ましてくれる存在、ほめてくれる存在でもある。いっぱい遊び、この先生が好き、この先生は自分をわかっ

てくれていると思うと、この先生がいうなら頑張ってみようかという気持ちが育っていきます。

　まず、この先生とならできるという先生をできるだけ固定して決めてもらい、繰り返し、アプローチを行い、安定して対応が実践できるようにしていきます。

　なれてきたら、ほかの先生が対応しても問題なくできるようにし、更に慣れたらあまり慣れていない先生でも対応できるようしていきます。

　家でも家族とできるようにしていくなど、人や場所でやることを決めてしまうこともあるので、いろいろな状態でもできるようにしていきましょう。

　現場では、できればベテランの職員が中心となって他の先生に介助や声かけを教えていける体制が望ましいです。必要に応じて、セラピスト、看護師、栄養士など多職種が食事時間に子どもを一緒に見る機会を作り、情報交換や支援方法を伝えるなどできるといいでしょう。

資料編

　言葉がけだけではこちらの意図が伝わりにくいため、視覚にうったえるものを用意することで子どもたちの理解を促すことができます。支援者や家族も、感覚だけでなく資料としてまとめることで気がつくことも多いのです。
　本章で紹介する資料はあくまでたたき台として、周囲の環境や子どもの好み・発達状態などにあわせて内容を変更してお使い下さい。

■食事調査表

	見本 品名	見本 量	月 日 品名	月 日 量	月 日 品名	月 日 量	月 日 品名	月 日 量	月 日 品名	月 日 量	月 日 品名	月 日 量	月 日 品名	月 日 量
朝	食パン	6枚切り／1枚												
	ハムエッグ	1枚												
	牛乳	コップ1												
昼	給食													
間食	クッキー	5枚												
夕	ごはん	1杯（　g）												
	豚生姜焼き	80g												
	きゃべつ	そえ												
	ホウレン草のごま和え	小皿1												
	味噌汁（豆腐・わかめ）	お椀1												

■食事記録表

	氏名	主食	主菜	副菜	汁	デザート
記入例	A君	○	○	○	○	○
	B君	○	○	少し残す	○	○
	Cちゃん	○	○ トマト×	椎茸・里芋×	汁のみ	○
	Dちゃん	○	1/2	○	○	○

資料編

資料編

■たべられるものリスト

	食べられるもの	以前食べていたもの
ごはん	ごはん	
めん	焼きそば　うどん	
パン	トースト	
肉	から揚げ	
魚		
豆腐		
卵		
加工品		
乳製品		
いも	じゃがいもソテー　ポテト	
野菜		
きのこ		
汁		
果物	バナナ　メロン	
飲み物	ジュース　水	
菓子	チョコ　アイス	
その他		

■偏食傾向チェックリスト

	感覚	形態	なれたもの
白いごはんが好き	■	■	■
味付けごはんが好き（のり、ふりかけ、納豆なども）	■	■	■
麺類が好き	■	■	■
パンが好き	■		■
カレーが好き	■	■	■
ジュースまたは牛乳は好きだがお茶は苦手	■		
果物が好き		■	■
醤油・ソース・ケチャップ・マヨネーズなどつけるのが好きなものがある		■	
味噌汁が好き	■	■	■
ねっとりしたものが苦手	■		■
スナック菓子、フライドポテトが好き	■	■	■
揚げ物が好き	■	■	■
食材が混じりあった料理が苦手	■	■	
繊切りのものが好き	■		■
見て食べる食べないを決める	■		
同じ食材でも食材の切り方が違うと食べない	■		■
同じ食品・料理等を多く食べる(具体的内容：　　　　　)			■
牛乳・ジュースなどお茶以外の飲み物を 200cc 以上飲む			
食べるのが遅い		■	■
よく噛まない	■	■	
ごはんを茶碗 1 杯以上食べる（1 回の食事で）	■	■	■
口から出しながら食べる	■		
道具（はし・フォーク・スプーン等）がうまく使えない	■		
直接手で食べる	■	■	■
遊び食べをする			
嫌な時の意思表示で嫌な顔をする	■	■	■
嫌な時の意思表示の時口からだす	■		
嫌な時の意思表示の時いやという	■		■
嫌な時の意思表示として口を開けない	■	■	■
うれしい時の意思表示として笑顔	■	■	■
うれしい時の意思表示として声をだす	■	■	■
苦手なものを頑張る時等ほめられると笑顔がみられる			■
苦手なものを頑張る方法として好みの調味料をつける		■	■
(50%以下の質問事項)			
鮭フレークやミンチやごまなどつぶつぶしたものが好き	■	■	■
水分、とろみなど濡れたり、ぬるっとしたものが苦手	■		
よく器からこぼす	■		
歯磨きを嫌がる	■		
触ってみて食べる食べないを決める	■		
苦手なものを頑張る方法として食材名を伝える			■
苦手なものを頑張る方法として好きなものとかけひきできる			
集計（黄色い部分の該当数を数える）	／27	／22	／20
％			

「からっぽ」がんばりひょう

	げつ	か	すい	もく	きん	ど	にち
実際に使用するお皿の写真を貼ってください							
実際に使用するお皿の写真を貼ってください							
実際に使用するお皿の写真を貼ってください							
実際に使用するお皿の写真を貼ってください							
実際に使用するお皿の写真を貼ってください							
実際に使用するお皿の写真を貼ってください							
実際に使用するお皿の写真を貼ってください							
実際に使用するお皿の写真を貼ってください							

資料編

「からっぽ」シールちょう

	1	2	3	4	5	6	7
あさ							
ひる							
よる							

	8	9	10	11	12	13	14
あさ							
ひる							
よる							

	15	16	17	18	19	20	21
あさ							
ひる							
よる							

	22	23	24	25	26	27	28
あさ							
ひる							
よる							

	29	30	31				
あさ							
ひる							
よる							

へ　おさらが空っぽになったらシールをはってね。
いっぱいたべて、げんきモリモリ。

■成長曲線(男児)

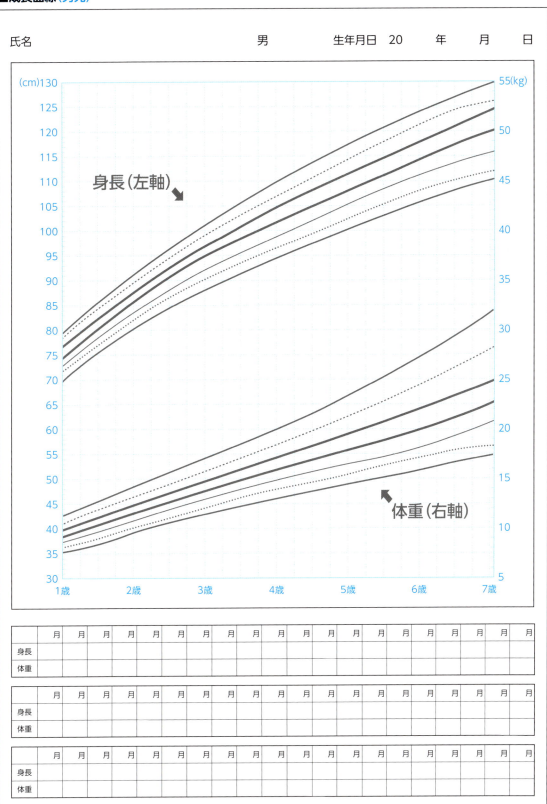

■成長曲線（女児）

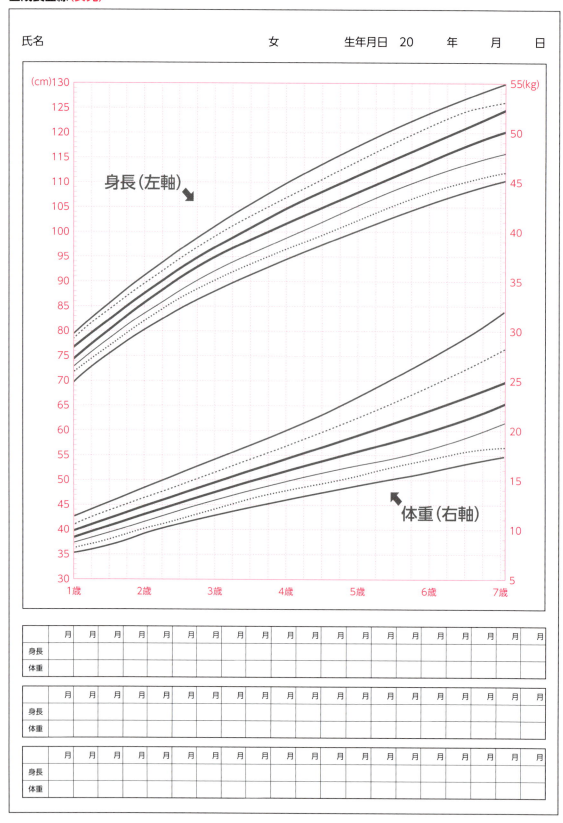

■カウプ指数

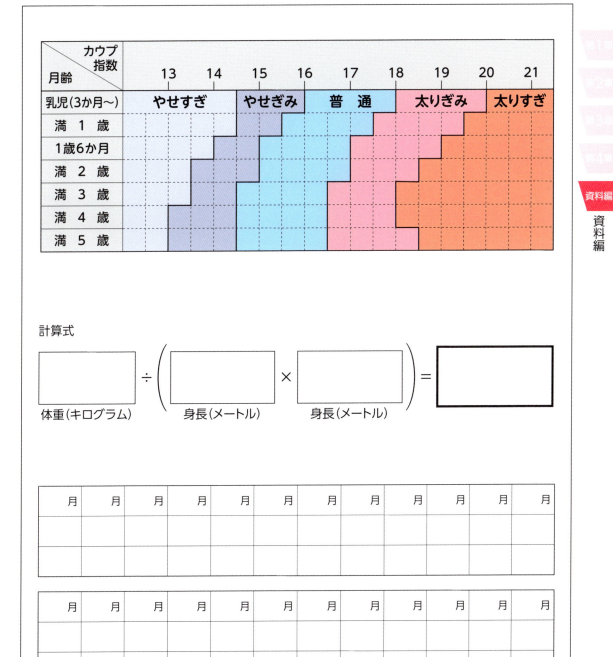

計算式

体重(キログラム) ÷ (身長(メートル) × 身長(メートル)) =

おわりに

　偏食のある子どもを支援して、10年以上経ちました。子どもたち一人ひとりにさまざまな原因、さまざまな特性、さまざまな環境があり、それぞれ必要となる支援が異なるため苦労が絶えませんが、最近ようやく改善方法が早くわかるようになってきました。しかし、現在でも毎年支援の方向性がわかるまで、試行錯誤をくり返しています。

　この本を作成するにあたり、偏食改善にむけた取組みという複雑な内容を、状態の違う子どもの参考にしていただくために、どのように記載したらわかりやすいか、悩みながら作成しました。

　ステップアップなども考えると個人差が大きく、マニュアル通りにいかないことも多いので、本書を参考にしながら、どの方法がいいか、ご自身で探しだしていただければいいなと思っています。

　改善の兆しがみえるまでは、疑問をいだくかもしれません。支援の結果が予想とずれてしまうこともあるかもしれません。実際、私たちも、当初は本当になおるのだろうかと疑問をもちながら支援を行ってきました。

　しかし、最近は私を含め職員たちも、子どもたちの偏食が改善する姿を想像しながら支援できるようになってきました。改善を難しくしてしまうのは、この子はこういう子と決めてしまうことではないかと感じています。

　改善に要する時間は一人ひとり異なりますが、支援を行うことで子どもたちの様子が変わっていくことは確かです。偏食改善のためには、子どもの気持ちをいかに想像し、どうしたら勇気をだし、自信をもてるか、周りの人の想像力と発想力が必要かと思います。

　偏食が改善された子どもたちは、うれしそうに自信をもって、食べたことを伝えてくれます。家族も含め、食生活以外も外食や旅行が楽しめるようになったと聞きます。

　全国さまざまなところから偏食の相談があります。偏食の支援方法が広がり、各地域で支援できる方や保護者が増えて子どもや家族、支援した職員の笑顔が増えることを願います。

　　　　　　　　　　　　　　　　　　　　　　　　　　　藤 井 葉 子

著者紹介

監修：山根希代子

広島市こども療育センター　発達支援部長・小児科長

　鳥取大学医学部卒業後、広島大学医学部小児科に入局。広島共立病院小児科、広島市児童療育指導センター小児科勤務等を経て2000年4月より広島市児童療育指導センター二葉園（肢体不自由児通園施設）園長。その後広島市西部こども療育センターの開設を担当し、2004年1月から同センター所長。2019年4月より現職。

　小児神経専門医で、主に小児の発達を専門としており、脳性麻痺・ダウン症・発達障害等のある子どもたちの診療を行っている。また、全国児童発達支援協議会の理事として、全国の支援機関の実態調査なども担当している。

　主な著書に『知的発達障害の家族援助』（2002、金剛出版（分担執筆・以下同））、『発達障害の子どもたち』（2003、中央法規出版）、『発達支援学：その理論と実践』（2011、協同医書出版社）、『障害児通所支援ハンドブック』（2015、エンパワメント研究所）、『障害のある子を支える児童発達支援等実践事例集』（2017、中央法規出版）などがある。

編著：藤井葉子

広島市西部こども療育センター　管理栄養士

　高齢者生活保護施設救護院勤務等を経て2004年4月より現職。
　障害のある子どもたちの偏食、拒食、肥満の食事対応や相談を行う。高齢者向け施設での経験もあり、学童、成人の方へのアドバイスなども行っている。学会等で、自閉症の偏食に関する論文等を発表して支援方法の啓発に努めるほか「自閉症の偏食対応レシピ」やホームページを作成し、障害のある方の食事支援の仕方や必要性を紹介している。

[制作]

写真撮影―――――柴田愛子
スタイリスト――――木村柚加利
撮影協力――――――UTUWA（03-6447-0070）
調理協力――――――奥追隆子
デザイン・DTP―――KIS
イラスト―――――――わたなべ ふみ

発達障害児の
偏食改善マニュアル

2019年9月25日　初版発行
2020年9月1日　第2版発行
2024年11月1日　第2版第4刷発行

監修――――――山根希代子
編著――――――藤井葉子
発行者―――――荘村明彦
発行所―――――中央法規出版株式会社
　　　　　　　　〒110-0016　東京都台東区台東3-29-1　中央法規ビル
　　　　　　　　Tel 03-6387-3196
　　　　　　　　https://www.chuohoki.co.jp/
印刷・製本――TOPPANクロレ株式会社

定価はカバーに表示してあります。
ISBN978-4-8058-5944-5

本書のコピー、スキャン、デジタル化等の無断複製は、著作権法上での例外を除き禁じられています。また、本書を代行業者等の第三者に依頼してコピー、スキャン、デジタル化することは、たとえ個人や家庭内での利用であっても著作権法違反です。
落丁本・乱丁本はお取替えいたします。

●本書へのご質問について
本書の内容に関するご質問については、下記URLから「お問い合わせフォーム」にご入力いただきますようお願いいたします。
https://www.chuohoki.co.jp/contact/